Value Chain Finance

バリューチェーン
ファイナンス

変わりゆく顧客の視点からみた、企業と銀行の「対話」の技術

江上広行
株式会社 電通国際情報サービス

一般社団法人 金融財政事情研究会

カバーアート ● 飯田哲夫

推薦のことば

畏友、江上君から本書出版にあたって、推薦文をお願いしたいとの依頼があった。金融の革新に志を抱く彼の依頼だけに、一も二もなく応諾した。本書出版の契機となった舞台裏の話を紹介して、推薦のことばにかえたい。

江上君との出会いは二〇一一年六月のことだった。「私にどうしても会わせたい人がいる」という共通の知人からの紹介であった。初対面で私の研究内容を二時間にわたって話した。拙書『収益結晶化理論～「TKC経営指標」における優良企業の研究～』（ダイヤモンド社、二〇〇三）の出版、特許の申請、学会での発表、経済誌・金融誌への掲載等、一連の研究内容についてである。それからしばらくして連絡があった。金融機関と共同での研究会の立上げの相談である。

その後、一〇回ほど議論を重ね、その研究会は同年の一二月にスタートした。毎月の会合を行い、翌二〇一二年四月に所定の五回の研究会を終え、所期の成果を得ることができた。これは財務情報と経営活動における定性要因とを結びつけて評価するもので、金融業務における企業理解を一挙に深める手法だ。その成果は本書第Ⅱ部に記述されている。

私は政府系金融機関（中小企業金融公庫、現在の日本政策金融公庫）に二八年勤務し、五〇歳で現在の大学に転じて経営学の教鞭をとっている。そのような経歴をもった私の社会的役割は、「実現可能性の高い抜本的な経営改善計画」作成の手法と、そのベースにある経営に関する知識を社会に提供することであると理解していた。これは、中小企業金融円滑化法が始まろうと終わろうと関係のない、普遍的なニーズをもつテーマである、と。提供の相手側は、計画作成者としての企業、作成支援主体としての税理士・コンサルタント、計画評価者としての金融業界である。実際に、私はそのような手法を「黒字化コンサルティング」と名づけ、中小企業金融円滑化法が施行された直後の二〇一〇年の春から夏にかけて、金融機関向けの雑誌に寄稿していた。

ところが、彼のイノベーターとしての着眼点は、私のそれとは異なるものだった。特に、金融業界を認識しての発言だったが、彼はこういった。「先生！　財務と経営を結び付けて企業評価するのが金融の正統な手法ですが、その経営に関するノウハウこそが今、求められているのです。経営改善計画を実のあるものにするためには、経営に関する見方、考え方、手法を金融業界にさせねばなりません。『収益結晶化理論』の研究成果のなかに、膨大なデータを背景にして、財務と経営を統計学的な有意性を満たしつつ結び付ける手法があります。これをしくみ化して金融業界、税理士業界、企業経営者に提供すれば、金融機関による経営支援という社会的役割が果たせるはずです！」と。

この発言は私にとっては「目からうろこ」だった。さすがに金融業界出身で、かつ金融業界向けのコンサルティングに携わっている人の着眼は、現場に精通しているし、具体性があるとおおいに納得したものだった。彼の戦略家、イノベーターとしての問題意識がプロジェクトを推進した。既述のようにこのプロジェクトは順調に進展しており、いずれ成果物が読者の皆さまの目に触れる機会もあることと思う。

ここで強調したいことは、その根底にある彼の問題意識である。これはバリューチェーンファイナンスというキーワードに要約されている。バリューチェーン（価値連鎖）とは、もともとマイケル・ポーターによる概念で企業の価値創造のプロセスを指し、とりわけ企業の独自性・優位性を形成するプロセスを指す（『競争優位の戦略』

一九八五)。彼は、これにファイナンスを付け加えることによって、企業の価値創造に積極的に関わっていく金融の在りかたを提言している。言い換えれば、金融が企業と同一目的、同一歩調をとりながら、結果的に企業価値の向上に資することになるとの金融の在りかたの提言である。

余談ながら、私が古巣に在職していた時に出版した『情報創出型金融』(金融財政事情研究会、一九九七)も類似の思想をもっていた。簡単にいえば「情報創出型」とは、「経営支援型」、「企業育成型」の意味で、金融の機能の在りかたに関して、期せずして同種の思想をもっていたことになる。

今般、江上君によって上梓される本書には現代の金融に必須の、本質的にして革新的な金融思想が、具体的な提言やアイデア、手法とともに本書に結実していることを付言して、推薦のことばにかえたいと思う。

産業能率大学　経営学部
教授　**宮田　矢八郎**

はじめに

本書は、銀行とその顧客との「対話」についてテーマにしようと思う。

本書の執筆に至る背景としての、筆者としての私の経歴に触れておこう。読者がもしバブル経済期を経験してきた銀行員であれば、ピンとくるような共感があるかもしれない。

私は、銀行の業務改革を支援する仕事をしているが、その前は地方銀行に一八年間勤務していた。入行はバブル経済のピークといわれた一九八九年である。銀行員としてはごく一般的な経歴をたどってきた。とても成績優秀といえる銀行員ではなかったが、お客様との「対話」だけは何よりも大切にしていた。企業の経営者からいろいろな事業の悩みについて相談を受け、そして事業の夢について語り合うことは、何よりもやりがいがあるものであった。

都心の営業店に勤務していたときに、日本人であれば誰もが社名を知っているような大企業を担当することになった。といっても、若手の渉外マンが最初に経験させられる集金担当だ。地元以外で地方銀行がそのような大企業のメインバンクとなることは珍しいが、その企業は私が勤務していた銀行との取引を大切に継続してくれていた。その会社の社長は、まだ駆け出しである私を、ときどき社長室に招いてくれた。高層階の窓から緑が見下ろせる広い部屋のなかの応接セットに、おしりを半分だけ乗せて座っていた私に対して、社長はニコニコと語ってくれた。会社がベンチャーとして駆け出しだった苦しいときに私が勤務していた銀行が、どれだけ親身になって支援してくれたかという話だった。それは「君も、大企業を育てていけるような銀行員になれ」というメッセージだった。

その後、時代は「失われた二〇年」に突入していく。デフレ経済が進行する事業環境のなかで、私の仕事においても、成長企業を支援するようなダイナミズムを味わう機会は徐々に失われていった。社長からのメッセージはいつまでも果たせずじまいであった。

三〇歳を過ぎた頃に、本部に異動となった。ちょうど、金融庁が発足し、金融検査マニュアルの策定など銀行に対する信用リスク管理強化の指導がされていた頃である。私も業務の基準やシステムでの仕組みづくりに奔走した。そのような作業に没頭していくなか、現場の営業店にいたときの感覚が失われていくのに時間はかからなかった。そこで、出会った上司はとても変わった人であった。いつも私の席に来て、「おまえの仕事は、いったい世の中の誰を幸せにしているのだ」と、ニヤニヤしながらつぶやいていく。「はあ?」という感じで、いつも答えに窮していたものだが、いつしか金融や銀行の在りかたとは何かについて悶々と考え込むことが増えてきた。それは、今も続いている。

時として、気付きを得られる瞬間がある。そのきっかけは、いつも、公私を問わず、お付き合いをさせていただいている方々との対話のあとの、自己の内面への問いかけである。

私は金融機関の業務改革を支援するコンサルティングや、それを実現するためシステムを企画し開発する仕事を行っている。全国各地の銀行員、信金職員等の方々と対話をさせていただく機会があり、対話を続けるなかで、金融の現場が抱える葛藤について考えさせられることも多い。また中小企業診断士として、コンサルティングを通して企業と接することもあり、経営者が銀行に期待していることを肌で感じる機会もある。

本書では、内からも外からも銀行を見ることができた私の経験から得たことをできるだけ反映していきたいと考えている。そして、顧客と銀行員の両者間の「なんとかしたい」という思いのギャップを埋めたいと感じている。

繰り返しになるが、本書のテーマは銀行員と顧客の「対話」である。

ほとんどの銀行業務はフロントの渉外マンが行う顧客との「対話」から始まる。事業の相談、融資の申込み、金利交渉、再生支援、これらすべては「対話」を起点として動き出す。そして、それによって、顧客は何かを感じ、ときに行動にうつす。

量子力学の研究で知られる物理学者デビット・ボームは、「対話」とは「ともに考える技術」と定義している。「U理論」というイノベーション理論を提唱した経営学者のオットー・シャーマーは、それをさらに発展させ、「対話」とは「ともに観る芸術」である、とまで表現をしている。「ともに観る」とは向かい合って座ることではなく、同じ方向をみて、ともに考えるということである。その状態は、正対して対峙している状態ではなく、顧客に寄り添って互いの内面にも向き合いながら「一つになって」課題を解決しようとしている状態である。

本書が「対話」をテーマにしようとしている理由は、現在抱えている金融機関の課題の多くが、この「対話」の在りかたを変革することによって解決できると考えているからである。課題とは、「信用リスク管理能力が低下している」、「コンサルティング機能の強化ができない」、「収益があがらない」など、どの銀行も抱えているものである。これらの問題は、どの銀行も、解決をしようと様々の施策を試みているが、一つ問題が解決をすれば今度は別の問題が現れてくるということが繰り返されている。

本書は、「対話」というテーマを通して将来の銀行の在りかたを提言することが目的であり、その範囲は業務設計、組織、情報システム、銀行員の内面心理にまで及んでいる。これらはすべて、顧客を起点とした対話の在りかたと、そのことによって生ずる顧客への影響を意識したアプローチを行っている。

そのため、特定の銀行業務についての問題解決をしたいと感じている読者にとっては期待外れかもしれない。銀行としての営業管理や、信用リスク管理をテーマとしては扱っているが、顧客側からの見え方というアプローチをしているため、個別業務の方法論はあまり多くを説明していない。そのかわり、コミュニケーションや対話という言葉は多く登場する。

読者として想定しているのは、銀行の役職員、金融に携わるお仕事をされている方、企業の経営者などである。事業環境の変化によって企業のビジネスモデルが変容しているにもかかわらず、そこに金融サービスを提供している銀行が変わりきれていない現状に対して、「このままでは、いけない」、「なんとかしたい」という思いをもっている人が多くいるであろう。その方に対するメッセージをイメージして本書を書いていきたい。

本書のタイトルである、バリューチェーンファイナンスについても説明をしておいたほうがよいであろう。バリューチェーンファイナンスとは、以下のように定義した言葉である（※）。

〔バリューチェーンファイナンス〕

Value —企業が付加価値を生む構造を「見える化」し

Chain ―その価値が形づくられるつながりにともに関わることで
Finance ―企業と金融機関がともに成長を支え合う金融手法

銀行が担うべき間接金融機能として当然の役割を定義しているものであり、何をいまさら、という印象を受けた読者もいるのではないだろうか。その感覚はきっと正しい。そう、「当たり前」のことである。残念ながら、多くの銀行では、その「当たり前」のことができていない。それは、銀行が「当たり前」のことができなくなったのではなく、「当たり前」のやり方が変わったのだ。

その「当たり前」を「あるべき姿」ではなく、「実現可能な姿」として描き、実現していくための具体的な処方箋を提示したい。

その処方箋とは企業と銀行が一つになって、ともに課題を解決する技術としての「対話」の在りかたを変革することである。

―その相手である顧客は、失われた二〇年の間に大きく変化を遂げ、これからも変わろうとしている。
―その変わりゆく顧客との新たな対話の技術を提言するのがバリューチェーンファイナンスである。

本書で記載していく言葉の定義について確認しておこう。

一つ目は「顧客」という言葉の定義である。銀行にとっての顧客は、大きく二つに区分される。生活者である個人と、事業者である企業である。本書で設定している顧客は、大半は企業に限定している。これは、私が得意とする領域が、事業金融が中心であるからである。個人という顧客を重視していないわけではないことを付記しておく。このため、特に注記がない場合は、「顧客」という言葉は、企業のことをイメージしてほしい。企業のなかでも、特に中小企業を中心に議論を進めていく。対象となる金融機関も、顧客が中小企業主体となる地域金融機関を意識していただいたほうがよいかもしれない。

二つ目は「銀行」という言葉の定義である。また、預金取扱等金融機関には、「銀行」、「信託銀行」、「信用金庫」、「信用組合」などが存在するが、広義に「ＢＡＮＫ」を意味するという視点から「銀行」という表現を多く使用している。本書で記載している「銀行」には「信用金庫」や「信用組合」なども含まれているということをご了解いただきたい。

本書の構成について、あらかじめ記しておこう。

本書は三部構成となっている。

「**第Ｉ部　バリューチェーンファイナンスとは何か**」は、新しく定義をするバリューチェーンファイナンスというビジネスモデルについて説明を行う。

「**第一章　すでに始まっている顧客と銀行の関係の変化**」では、バブル経済崩壊後の「失われた二〇年」の間に、企業のビジネスモデルがどのように変化していったか、またそれに対して適応しきれない銀行が、企業の期待との間にどのようにギャップを生み出していったかを見ていく。あわせて、銀行以外の事業者による新しい金融機能の出現や、二〇一三年三月の中小企業円滑化法の終了という出来事が、銀行にどのような変化を迫っているかについても警鐘を鳴らす。

「**第二章　バリューチェーンファイナンスが実現するビジネスモデル**」は、このように変わりゆく顧客に対して求められる金融機能として、顧客と金融機関を一体としてとらえたバリューチェーンファイナンスの考え方を提言する。またバリューチェーンファイナンスというものが、どのように銀行と顧客の双方に収益を生み出すビジネスモデルであるかについて説明を行う。

「**第Ⅱ部　バリューチェーンファイナンスを実現する顧客との対話**」では、バリューチェーンファイナンスを実現するための、対話の在りかたをテーマとする。

「**第三章　企業と銀行の対話はどのように失われていったか**」では、金融行政への対応として「客観性と説明責任」を追及してきた銀行の業務設計が、どのように顧客と銀行の間の対話を阻害してきたかについて触れる。

「**第四章　顧客のバリューチェーンにともに関わる『対話』の在りかた**」では、そのうえで顧客と銀行は、資金のレベルを超えた、事業や経営のレベルでのコミュニケーションをどのように構築していくべきかについて提言する。また、そのなかで、「ともに観る」情報として、財務情報だけではなく定性情報の取り扱いの重要性について説明する。

「**第Ⅲ部　バリューチェーンファイナンスを実現する業務設計**」は、バリューチェーンファイナンスを実現するための業務設計・業務改革をテーマとする。

「**第五章　部分最適を生み出す銀行の組織構造**」では、多くの銀行が思いどおりに業務改革を成し遂げられない要因として、銀行内部の組織としてのタテ割り問題や、その原因となっている銀行員の内面感情としての自己正当化欲求がどのように阻害要因となっているかについて掘り下げて見ていく。

「**第六章　顧客中心の業務を設計する**」では、本書の締めくくりとして、バリューチェーンファイナンスを実現するための「顧客中心業務設計」の考え方や業務改革を行うためのステップについて、実際に取り組んでいる

〈本書の概要〉

	主要なテーマ	失われた20年 ～2012	これからの20年 2013～
〈第Ⅰ部〉 バリューチェーンファイナンスとは何か	ビジネスモデル	〈第一章〉 すでに始まっている顧客と銀行の関係の変化	〈第二章〉 バリューチェーンファイナンスが実現するビジネスモデル
〈第Ⅱ部〉 バリューチェーンファイナンスを実現する顧客との対話	顧客と銀行の対話	〈第三章〉 企業と銀行の対話はどのように失われていったか	〈第四章〉 顧客のバリューチェーンにともに関わる「対話」の在りかた
〈第Ⅲ部〉 バリューチェーンファイナンスを実現する銀行の業務設計	銀行の業務設計	〈第五章〉 部分最適を生み出す銀行の組織構造	〈第六章〉 顧客中心の業務を設計する

銀行の事例等も参考にしながら紹介をしていく。

本書では各章ごとに、それぞれのテーマについて議論を完結させるように記述したつもりである。しかし、その底流には本書のテーマとしての「対話」の在りかたに対する共通の問いかけがある。

そのことを意識しながら、読み進めていっていただければ幸いである。

※「バリューチェーンファイナンス」は株式会社電通国際情報サービスの登録商標である。

【著者略歴】

江上　広行（えがみ　ひろゆき）

一九六七年石川県金沢市生まれ。一九八九年金沢大学経済学部卒業

地方銀行に入行、営業経験を経た後、融資部門にて信用調査、研修講師、業務設計、ＣＲＭシステムの開発等に従事。

二〇〇七年より株式会社電通国際情報サービス、主に地域金融機関向けサービスの企画、業務改革のコンサルティング等を行う。現在は、株式会社電通国際情報サービス　金融ソリューション事業部　金融事業戦略部　ＶＣＦグループ　マーケティングプロフェッショナル

著書に『金融円滑化法の管理・説明・サポートの実際』（銀行研修社　共著）などがある。趣味はサッカー観戦

一般財団法人東北共益投資基金　アドバイザー

公益社団法人Ｃｉｖｉｃ Ｆｏｒｃｅ　アドバイザー

経済産業省　知的資産経営評価融資研究会委員（二〇〇九）

経済産業省　ＩＴクラウドを活用した経営支援基盤調査研究事業委員（二〇一三）

中小企業診断士／日本生産性本部認定経営コンサルタント／ＩＴＣＡ認定ＩＴコーディネータ

本書に関するご意見・ご感想等お寄せください。ご返事は必ずさせていただきます。

hiroyukiegami@gmail.com

目次

第二章　バリューチェーンファイナンスが実現するビジネスモデル……33

第Ⅲ部 バリューチェーンファイナンスを実現する銀行の業務設計

〈カバーアート〉飯田　哲夫

第I部

バリューチェーンファイナンスとは何か

第一章　すでに始まっている顧客と銀行の関係の変化

◇銀行は顧客の眼からはどのように見えているのか

銀行は企業経営者から相談相手だとは思われていない

二〇一一年九月に電通が「中小企業の成長に関わる経営実態調査」という調査を実施した。そのなかに企業経営者に対して「経営課題に関して最も頼りにできる相談相手はだれか」というアンケート項目がある。回答の第一位は「顧問税理士（二三・三％）」、第二位が「いない（一七・七％）」というものであった。「金融機関」と回答した企業経営者は第五位の一一・〇％に過ぎない。このような調査は、行政機関やシンクタンクが行っているものもいくつか発表されているが、広告代理店である電通のような、一見金融業界とは関係が少なさそうにみえるところから質問をされると、企業経営者はより素直な回答をよせてくれるようである。

金融機関、とりわけ地域や中小企業を地盤とする地域金融機関にとっては、リレーションシップバンキングというビジネスモデルの構築が不可欠であるといわれて久しい。リレーションシップバンキングとは、「金融機関

図表１－１　経営課題に関して最も頼りにできる相談相手はだれか

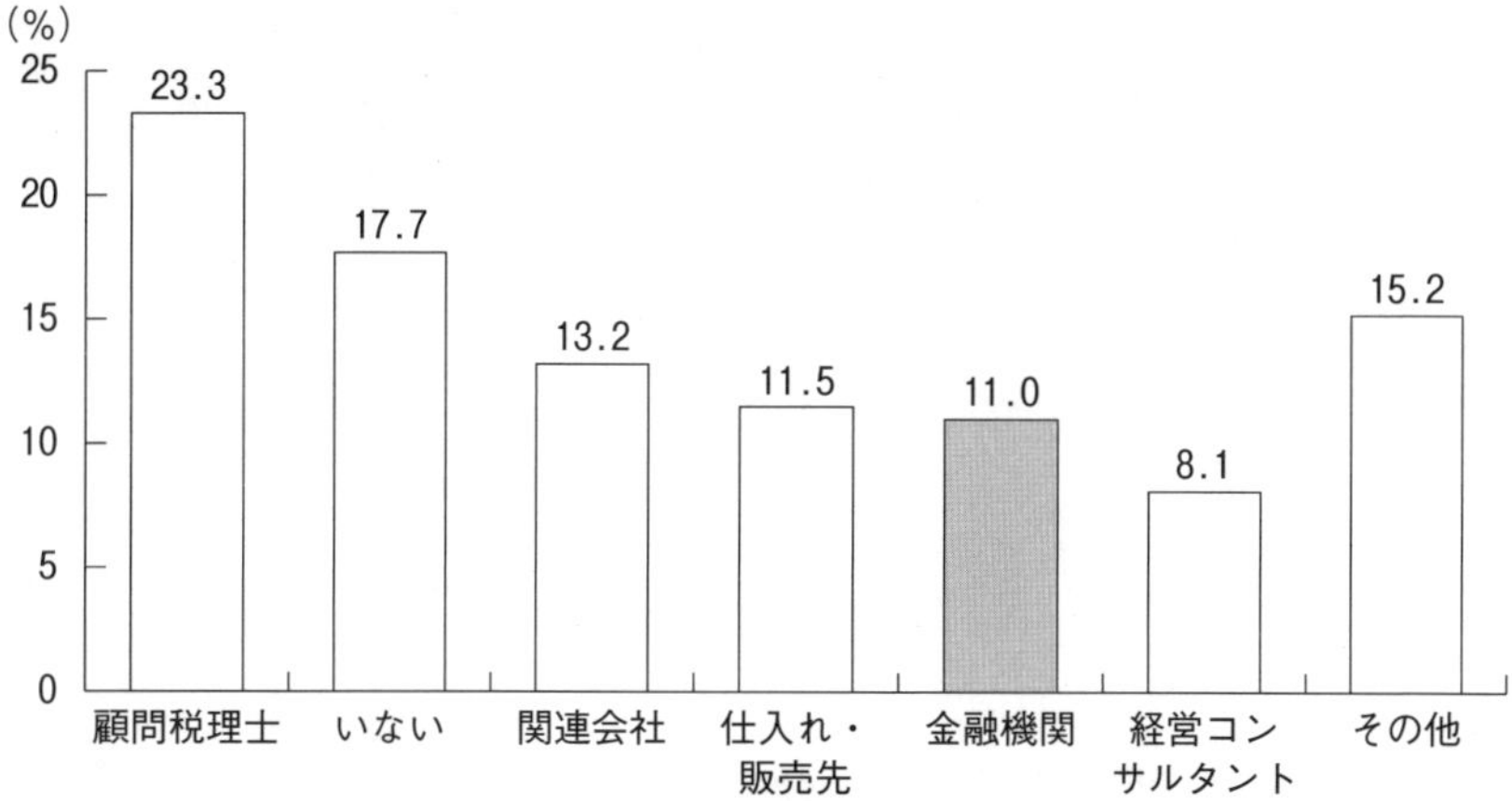

（出所）「中小企業の成長に関わる経営実態調査報告書」電通・電通国際情報サービス（2011.9）

が、借り手である顧客との間で親密な関係を継続して維持することにより、外部では通常入手しにくい借り手の信用情報などを入手し、その情報をもとに貸出等の金融サービスを提供するビジネスモデル」という説明が一般的にされている。

金融庁によって二〇〇三年三月に「リレーションシップバンキングの機能強化に関するアクションプログラム」（以下、リレバン・アクションプログラム）という政策が打ち出され、少なくとも地域金融機関であればどの銀行も、リレーションシップバンキングを目指すという方向性を対外的に発表している。「うちの銀行は、リレーションシップバンキングを目指さない」と宣言しているような銀行は聞いたことがない。

リレーションシップバンキングを実現するには、銀行による「コンサルティング機能の強化」つまり、企業に対する経営相談機能の強化が重要であるということが、リレバン・アクションプログラムでは当初から掲げられていた。二〇〇九年末の中小企業金融円滑化法の施行（二〇一三年三月に終了）以降は特に、そのことが声高に叫ばれてきている。

「コンサルティング機能の強化」が実現できているかどうかは、銀行がどういう施策を実施したか、またはどういう報告を金融庁に行ったかではなく、顧客である企業が「銀行に相談したいと感じているか」「または実際に相談しているか」という状態で評価されるべきである。より本質的なことをいえば、**コンサルティング機能を強化する活動が、企業の収益改善にどれだけ実際に貢献したかによって、成果が計測されるべきである。**

しかし図表1－1の調査結果からは、銀行が中小企業に対してコンサルティング機能を十分に提供しているとは言いがたい現実がうかがえる。

「失われた二〇年」といわれる前の一九八〇年代や、それ以前の高度成長の時代には、銀行員はコンサルティング機能を発揮できていたのであろうか。

「はじめに」でも触れたが、私は一九八九年に銀行に入行した。それから一八年間勤務したので「失われた二〇年」といわれた時代と、私の銀行員生活はオーバーラップする。

直木賞受賞作である『下町ロケット』（小学館、二〇一〇）などを著した銀行員出身の作家、池井戸潤氏が『オレたちバブル入行組』（文藝春秋、二〇〇四）という、銀行員を主人公にした小説を書いている。池井戸氏が書く小説には、バブル世代の銀行員が多く登場する。登場人物である銀行員が、人生をかけて、債権回収や再生支援のために顧客である企業経営者と向き合っている内容にはとてもシンパシーを感じる。

私の場合、幸い早くから企業の取引先を担当させていただく機会に恵まれたため、若くして企業経営者から資金や事業の相談を受けるようになった。また、上司や先輩が企業経営者と交渉している様を直接目の当たりにすることもできた。まだ、バブルの余韻が残っていた頃であったが、そのなかで、銀行員は、いかに企業経営者から信頼され、また、相手の事業や企業経営者の人生にまで、強い影響を与える仕事であるかということを常日頃から感じていた。当時の企業経営者にとって、銀行という相談相手としての存在は小さくはなかった。少なくとも、二〇一三年の現在よりは。

このように感じているもう一つの理由は、中小企業の経営者から実際に聞こえてくる、銀行に対する生の声としての評価である。私は、中小企業に対する直接のコンサルティングも行っており、企業経営者から銀行取引のことについて相談を受ける機会もある。また、銀行等が主催するビジネスマッチングの会場などには、できるだけ足を運んで企業経営者の声を聞くようにしている。そのときに、企業経営者が銀行に何を期待しているかを確認するために「最近の銀行はどうですか」という質問を投げかけてみる。得られる回答は次のようなものである。

●銀行は、一流の人材が集まっているのに、どうしていつも型にはまった対応しかできないのか
●銀行に対しては、事業計画をともに考えるというようなことは期待をしていない
●銀行には資金以外の相談をしたいとは思わない
●保証協会付きの貸出しかしてくれない銀行に意味はあるのか
●銀行に相談をすると、開示したくない情報が銀行にわかってしまう

この回答と、先に示したアンケート調査結果の感覚は一致している。

先に紹介した電通の調査から、もう一つ気になる調査結果を紹介する。

図表１－２　中小企業の事業計画の策定に関する調査

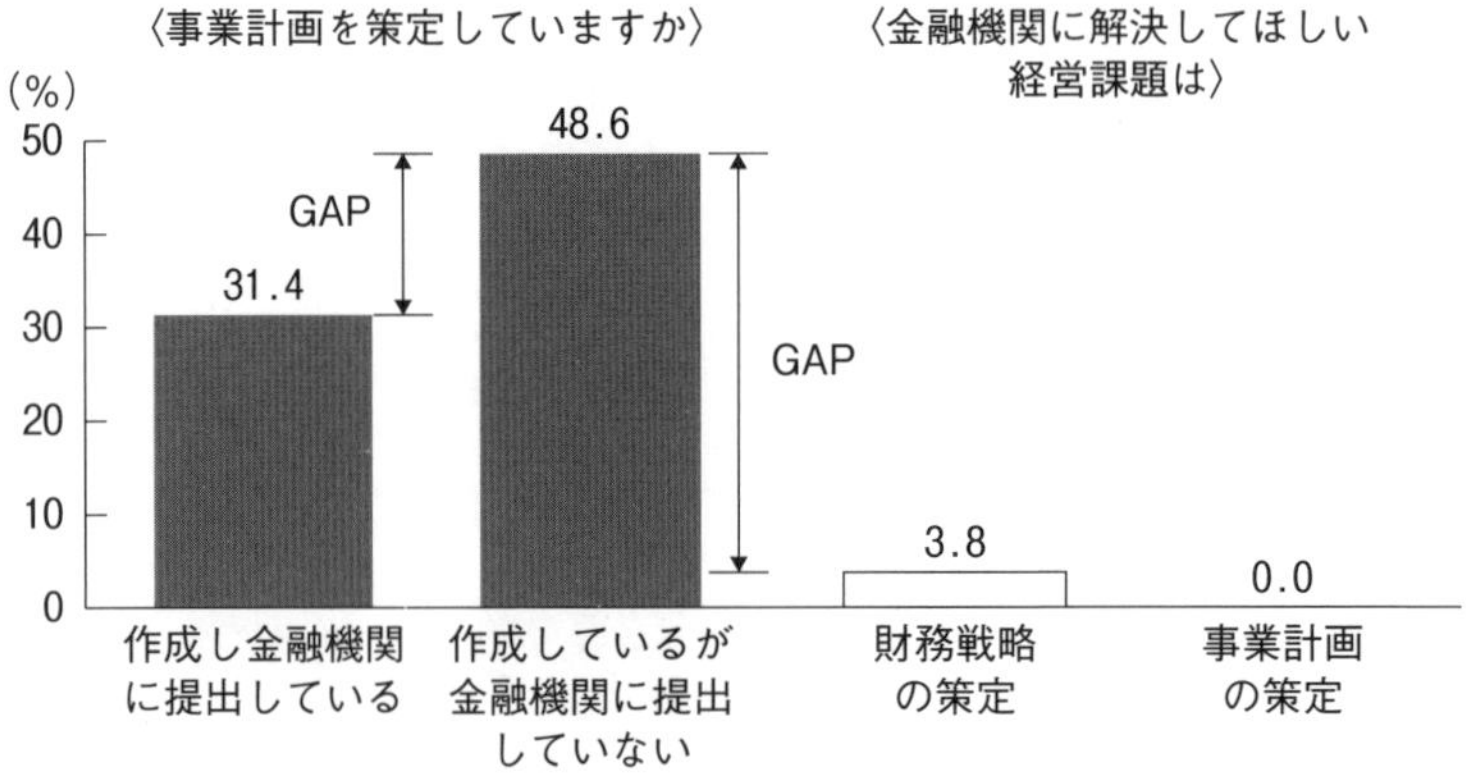

（出所）「中小企業の成長に関わる経営実態調査報告書」電通（2011.9）

この調査では、中小企業の経営者に対して「事業計画を作成していますか、そしてそれを金融機関に提出していますか」という質問を行った。加えて、「金融機関に解決してほしい経営課題は何か」という質問も行った。この回答には、「取引先の紹介」などその他の選択肢もあったが、ここでは事業計画に関する項目に限って紹介する。

「事業計画」は、経営者自身にとって、最も重要な経営改善活動のアウトプットであるといえる。それを経営者が実際に策定しているのか、あるいは銀行がその策定支援に効果的に携わっているかをここで確認しよう。

金融政策当局が、金融検査マニュアルで債務者区分を策定する基準として示されて以降、銀行では、「実抜計画」を策定するという活動が重要視されてきた。

「実抜計画」という言葉になじみがない方のために説明をしておこう。「実抜計画」とは「実現可能性の高い抜本的な事業計画」を略した表現である。企業が銀行に対して返済猶予や金利の減免など、貸出条件の緩和を依頼した際は、通常は不良債権に該当してしまうのであるが、「実抜計画」を銀行に提出し、その内容が認められれば、返済猶予などが行われた場合でも、不良債権の扱いとはされずに通常債権として金融取引を行えるようになるというものである。

この「実現可能性」と「抜本的」という言葉は、一方を優先すれば、一方が実現しにくいというトレードオフの関係があり、「実抜計画」を作成するということはなかなか難しい課題である。抜本的であればあるほど、実現可能性が低いと考えられるからである。余談ではあるが、ジェームズ・C・コリンズが著した、経営者への指南書として有名な『ビジョナリーカンパニー3　衰退の五段階』（日経BP社、二〇一〇）のなかでは、「企業の経営者が「抜本的」という言葉を多く使うようになるとそれは企業の衰退兆候である」ということが紹介されている。これは、実際の企業の調査によって裏付けられたものである。みなさんの組織でも事業計画などで、「抜本的」という言葉を多く使っているときは注意したほうがよい。その「実現可能性」を高くしなくてはいけないのだから「実抜計画」を作成するほうは大変である。

企業の状態によっては猶予期間が設けられていることもあるが、最終的には企業の貸出が不良債権にならないために「実抜計画」を三年から五年の期間分で作成しなくてはならない。上場企業でさえ作成していないような、長期の事業計画を作成することは、実際に大変な作業である。それを自力で実施できる中小企業は限られており、銀行は書式や規定・マニュアルを整えて、この「実抜計画」なるものの作成の指導に相当の労力をかけてきた。

その結果が図表1－2である。このアンケートには、不良債権の認定に該当しない企業も含まれているが、だからこそそれが一般的な企業経営者の視点を表している。企業経営者の多くは、銀行に事業計画策定の支援をしてもらうことなど期待していない。銀行に「不良債権」に認定されたくないなら、と提出を求められるために、やむなく「実抜計画」を作成しているというのが実態である。つまり、事業計画〝書〟は作成されるが、それは実際の事業計画とは別のものである。

銀行員が企業とともに、事業再生のために課題を共有し、事業計画を策定していくことは重要な業務の一つであるということに異論はない。実際にこの目的を理解して、きめ細かい事業計画を銀行員とともに策定することで、再生を果たしていく企業も存在している。しかし、このようなケースは全体から見れば極めて少数である。私が、多くの銀行の担当者と会話から気付いたことは、手段が目的化され、顧客不在のままの、本部から指示された「やらされ業務」となっている実態である。現場の行員が作成する「実抜計画」は銀行内の審査や金融検査を通すことが目的であり、顧客である企業経営者が「自分ごと」として自社の経営を管理していくものにはなっていない。銀行員が、表計算ソフトで形式的に作成してきた「実抜計画」に、企業経営者に印鑑の押印だけを求めるというケースも少なくない。企業経営者が押印することにより、企業が作成したことにしなくてはならないからだ。

銀行においてこのような現象が、なぜ多く発生するのであろうか。それについては、このあと本書では踏み込んで議論を進めていきたいと思う。

顧客企業側のビジネスモデルが多様化・複雑化していることが、銀行のコンサルティング機能の実践を困難にしている要因の一つとなっている。つまり、銀行のコンサルティング機能強化という目標の難易度が高くなる一方で、金融の現場ではそれを実行するだけの現場力が低下しているという課題が、現在、銀行に課せられている。

銀行が営業の現場で「コンサルティング機能の発揮」を実現するには、銀行側は何より企業について熟知し、顧客の立場で的確なアドバイスができる現場力が求められる。そのためには、企業経営者も自社の経営情報を理解しそれを包み隠さず開示することで銀行と「対話」を行っていく必要がある。しかし銀行では、金融検査マニュアルに代表される金融行政当局への対応として、内部での業務の標準化・マニュアル化が進められた一方で、現場のコミュニケーション能力や情報収集能力が低下し、収集した情報を有効に活用できていないという状況が発生している。

法人企業統計から透けて見える「頼りにされない銀行」の実態

今度は、事業に対する資金供給という視点から、バブル経済崩壊以降、銀行がどういう役割を果たしてきたかについて見ていこう。

図表1－3は、二一世紀に入ってからの法人企業統計の財務データをベースに、企業の資金調達と運用の状態を示したものである。

法人企業統計とは標本調査に基づいて、国内の企業全体の財務情報を集計した統計データであり、財務省が発表しているものである。ひらたくいえば、これはニッポン株式会社の連結決算であると思ってよい。表の左列は、ニッポン株式会社、全社の連結決算、また、右側は、ニッポン株式会社の〝中小企業部門〟に限ったそれぞれの「資金運用表」だと思って見てほしい。

読者が銀行員であれば、「資金運用表」の分析はおなじみであると思う。そうでない読者のために簡単に説明をしておこう。

図表1－3　2001～2010年度の企業の資金運用・調達状況

（単位：兆円）

<table>
<tr><th colspan="4">運　　用</th><th colspan="4">調　　達</th></tr>
<tr><th colspan="2"></th><th>全産業</th><th>うち資本金1億円未満（※）</th><th colspan="2"></th><th>全産業</th><th>うち資本金1億円未満</th></tr>
<tr><td rowspan="2">企業間信用</td><td>受取手形</td><td>－23</td><td>－7</td><td rowspan="2">企業間信用</td><td>支払手形</td><td>－34</td><td>－17</td></tr>
<tr><td>売掛金</td><td>－9</td><td>－8</td><td>買掛金</td><td>－5</td><td>－7</td></tr>
<tr><td colspan="2">棚卸資産</td><td>－10</td><td>－4</td><td rowspan="2">短期借入金</td><td>金融機関</td><td>－55</td><td>－24</td></tr>
<tr><td colspan="2">現金預金</td><td>23</td><td>13</td><td>その他</td><td>20</td><td>10</td></tr>
<tr><td colspan="2">有価証券</td><td>3</td><td>1</td><td rowspan="2">長期借入金</td><td>金融機関</td><td>－9</td><td>－4</td></tr>
<tr><td colspan="2">その他流動資産</td><td>40</td><td>－2</td><td>その他</td><td>9</td><td>4</td></tr>
<tr><td colspan="2">有形固定資産</td><td>－18</td><td>7</td><td colspan="2">社債</td><td>3</td><td>4</td></tr>
<tr><td colspan="2">無形固定資産</td><td>1</td><td>0</td><td colspan="2">その他負債</td><td>29</td><td>11</td></tr>
<tr><td colspan="2">投資その他</td><td>130</td><td>25</td><td colspan="2">資本金等</td><td>92</td><td>17</td></tr>
<tr><td colspan="2">その他</td><td>0</td><td>－2</td><td colspan="2">内部留保等</td><td>87</td><td>29</td></tr>
<tr><td colspan="2">計</td><td>137</td><td>23</td><td colspan="2">計</td><td>137</td><td>23</td></tr>
<tr><td colspan="2"></td><td></td><td></td><td colspan="2">割引手形</td><td>－13</td><td>－10</td></tr>
</table>

（注）　資本金1億円未満を中小企業としている。
　　　　資本金等は、資本金＋資本準備金。
（出所）　財務省　「法人企業統計」の2000年度版と2010度版の比較により筆者作成。

資金運用表とは、企業における一定期間の資金の集め方と、資金の使われ方を、左右に分割した表で表現したものである。表の右側は企業にとってのある期間の資金の集め方、つまり「調達」を表している。一方で左側は資金の使われ方、つまり「運用」を示している。

「調達」側で金額が大きなところについて説明をする。

長期や短期の借入金は、企業にとって銀行などからの借入れによる資金調達であり、表の右側に表示される。「企業間信用」は、企業間の商取引において資金を調達していることと同様の効果をもたらすものである。たとえば、企業が商品の仕入れをしたときに、すぐに支払いをせずに、支払日まで一定期間待ってもらう場合、資金を調達していることと同じ効果がある。資本金等は、その会社の元手としている資金のことである。内部留保等は、その会社が事業活動を通じて稼ぎ出した過去の蓄積であり、これが次の事業の調達源となっていく。

資金の使われ方である「運用」側についても、同じく大きな金額のところについて説明をしよう。やはり、「企業間信用」という項目があるが、「調達」の説明と同様のことを、今度は販売するほうの立場で考える。企業が商品を販売したとき、代金を回収するまでは現金にすることができないので、それまでの期間は資金を運用していることと同じ状態であるといえる。「棚卸資産」は、原材料や商品を仕入れた分や、製造している分の在庫のことであり、これも売れるまでは、資金を在庫投資として運用している状態である。「有形固定資産」は事務所・工場などの土地建物や機械・設備などのことである。また、「投資その他」は、子会社や出資先の株式などへの投資と考えてほしい。

資金運用表は、企業の特定期間の残高の変化を表したものである。つまり図表1－3からは、二一世紀に入って、企業がどのような資金の調達と運用を行ってきたかを読み取ることができる。その結果銀行が資金面で企業に対してどのような役割を果たしてきたかを把握することが、この表を示した目的である。

そのため、この資金運用表では、金融機関（銀行）の資金に関係するところに網かけをつけてある。

銀行の事業者向け融資の役割とは、資金の提供を通じて企業の事業機会を提供することにより、その企業の成長を支援することである。つまり、調達欄の借入金の欄がプラスであり、それが企業の事業活動の運用に生かされている場合は、成長支援として銀行の役割が果たされている状態であるといえる。一方で、調達欄の借入金の欄がマイナスになっていることは、借入金の返済が進んでいる状態である。これは、企業が事業活動を縮小して、運用そのものを減らしているか、あるいは銀行の借入金ではなく他の手段で調達を行っているかどちらかの状態である。さて、ニッポン株式会社に対して、銀行は資金面でどのような役割を果たしてきたのだろうか。

まず、気がつくことは、金融機関からの借入金が大幅に減少していることである。特に、減少が著しいのは、短期借入金である。一般的には、この期間の借入金の減少は、不良債権処理を進めていく立場にあった銀行側による「貸渋り」「貸剥がし」の施策に、大きな問題があったという指摘がされている。しかし、このニッポン株式会社の資金運用表をみていると、必ずしも、そうとは言い切れない現実が見えてくる。

借入金が減少している理由を、左側の資金の運用側に探しにいくと、受取手形や、売掛金、棚卸資産の減少や設備投資の伸び悩みが確認できる。資金運用が減少している要因として、企業の海外進出に加え、長期にわたる設備投資や消費活動の低迷により、国内の事業活動のベースが縮小していることが考えられる。つまり、設備投資を行ったり、在庫投資をしたりして商売を回していくベースの活動が、活発化していない状態を反映している。実際に、この期間の実質ＧＤＰ成長率は、〇・七％程度と低迷し、リーマンショック後の二〇〇八～二〇〇九年度はマイナス成長を記録している。しかし、たとえＧＤＰ成長率が低迷しているとはいっても、トータルではプラスの範囲で推移しており、それだけでは銀行の借入金が減少していった要因は説明しきれない。資金運用が減少しているもう一つの要因は、借りる側の企業のビジネスモデルが変化していったことである。むしろこちらの要因のほうが、大きいともいえる。経済の成熟とともに、産業構造が製造業を中心とするハード型から、サービス業を中心とするソフト型へと変化していった。

製造業においては、製造拠点は国内ではなく海外へ、在庫はなるべくもたないという方向へ事業のスタイルを変えていった。ＥＭＳ（Electronics Manufacturing Service）と呼ばれ、生産工程などを主体的に請け負う会社が海外でも増加し、国内の製造業ではファブレス化と呼ばれる製造のアウトソーシングの形態が進展した。このようななかで、企業は、設備や在庫に対する資金需要はどんどん薄れてきている。

企業の競争優位の源泉は、資金調達力を背景とした有形資産から、ノウハウを活用した知的資産へとシフトしている。そのなかで、企業はできるだけ資産をもたずに事業を運営していくビジネスモデルに変化していったと考えられる。サプライ・チェーン・マネジメントとよばれる、製造から提供までの全体最適を目指す管理方法の普及もその流れを後押しした。複数の企業をまたいで、サプライチェーンの途中に滞留する在庫が極小化される運用が進展し、在庫資金や代金回収までの立替資金の必要性が薄れてきているのである。

二〇一二年一〇月にリブセンスという会社が、代表者が史上最年少の弱冠二五歳で東証一部上場を果たしたことで話題となった。同社の主力事業は、アルバイトの求人サイトの運営である。求人企業からの情報掲載料の支払いを採用決定時の成功報酬制にするという、独自性の高いビジネスモデルによって、年商二三億円の規模にまで急成長を果たしている（二〇一二年一二月期）。同社は、人的な営業活動はほとんど行わないため資産は最低限のものしか保有していない。代表取締役社長の村上太一氏は、創業時に親から融通してもらった資金とアルバイト代を元手に資本金三〇〇万円で会社を設立した。そしてそれ以来、銀行からもベンチャーキャピタルなどからもいっさいの資金調達を行っていない。この企業が強みとしている経営資源は、無形の知的資産である。だから、銀行からの資金を必要としなくても成長を成し遂げることができたのだ。

総務省の「事業所・企業統計調査」によると、日本では一九九一年より、開業率が廃業率を下回るという状態が続いている（事業所数ベース）。その原因の一つとして、起業家にとっての「資金の不足」が課題とされてきた。村上氏が学生時代から始めた事業で、自然な選択として銀行借入を行わなかったということは、これからのニッポン株式会社の資金調達構造の変化を先行的に表しているのかもしれない。事業をスタートアップさせるにあたっての「お金」の課題は相対的に低下している。むしろ独自のノウハウ等の知的資産が、より重要となっているのである。

成長やスタートアップに資金を必要としない企業としてのリブセンスの事例は在庫や設備等の手当のために運転資金を必要としないＩＴ業界特有のものととらえられるかもしれない。しかし企業にとっての資産としての「お金」価値が低下していけば、これはどの業界においても、起きうることである。

企業が資金調達の方法を変えていったことが、ニッポン株式会社の資金運用表から読み取れる。資金運用表では、銀行の借入の減少を吸収しているのが、銀行以外の借入であることに気付くであろう。「その他」と記載されている銀行以外の借入金が増加している。これも、サプライ・チェーン・マネジメントの浸透と関係が深い。「その他」とは、関連会社や、商社、仕入販売先、フランチャイザーなどその企業の商流に関連しているステークホルダーであると推定される。彼らが直接、または間接的に資金を提供している部分が多いと考えられる。Ｉ

Tテクノロジーの進展により、一品単位からの商品管理や在庫管理が可能になり、その情報をサプライチェーンのなかにいる、製造・卸・販売に関連する一連のステークホルダーが共有することが可能になっている。取引を行うものどうしが、安心して提供先の企業に対して資金の提供ができるだけの情報をもつようになってきたため、企業間の資金融通が行いやすくなっているのだ。

銀行員が審査を学ぶときのイロハとして最初に学習するのは、短期貸出であれば「運転資金」、長期貸出であれば「設備資金」である。企業が何か商売を行うときに、仕入れ・販売条件や、在庫の期間を見て「所要運転資金」がいくら必要になるかという計算式は、銀行員の財務分析ではいちばんはじめに覚えなくてはならないものだ。設備資金であれば、貸出金がその事業から生まれるキャッシュフローの何年分で返済ができるというような考え方をたたきこまれる。しかし、最近、私が銀行の若い行員と話していても、このような財務分析の基本的会話が成立しないことがある。そのような案件に実際に取り組んだ経験がないというのだ。それは、彼らが勉強していないからではなく、企業から申出を受けて、そのような案件を実際に経験する機会自体が少なくなっているのだ。

二〇一二年六月四日付の日本経済新聞は、上場企業の半数が無借金となったと伝えている。借入金がゼロ、または手元資金の額が社債や借入残高を上回る実質無借金の企業（金融を除く上場企業三三八三社のうち二〇一二年三月までの一年間に決算期を迎えた企業対象）は全体の四九・七％に当たる一六八一社で、一年前に比べ三五社増えて社数、比率ともに二年連続過去最高になったとのことである。さらに、平均的な無借金企業は、有借金企業と比較して規模や収益性に優れているという報告もある（新美一正「無借金企業の経営分析」日本総合研究所「Business & Economic Review」二〇一一年三月号）。

このような現象は大企業に限ったものであるととらえられがちである。しかし、図表1－3の資金運用表では、中小企業でも同様の現象が進行していることがわかる。今まで有形の工場や設備や、目に見える在庫に対して貸出をしていたものが、目に見えなくなってしまったのである。

これらの事実は、銀行が企業の「何を評価することによって資金を貸すか」という根本的な問題を投げかけている。

もう一つ、ニッポン株式会社の資金運用表から読み取れることは、企業が守りによる自活体制に入ってきたということである。内部留保、つまり過去の利益から蓄えた資金の範囲であまり無理した投資を行わず、現金・預金として保有しておき、その範囲でしか投資をしない傾向が顕著になった。つまり、リスクをとってまで投資をしない状態である。資金が必要だといっている企業の多くは、新たな投資に対して資金が必要なわけではない。これまで投資を行ってきた分のツケとして抱えている借入金を返済するための資金調達に苦しんでいるのである。

日本経済が成熟期に入ったといわれて久しい。資金運用表から見えるニッポン株式会社は、定年後も細々と再雇用で仕事は続けているが、派手にお金を使うことをやめて預金をためておき、安定した老後の生活に備えようとしているような状態である。そのなかで、銀行が果たすべき役割は明らかに変容してきている。

東京大学大学院経済学研究科教授（発表当時）の三輪芳朗氏が、この視点を掘り下げた問題提起を行っている。『「銀行ばなれ」と『金融危機』（騒動）の実相』というなかなか刺激的なタイトルである。

その、論文の一部を抜粋する

今回の研究の最大の発見・確認事項であり、研究全体の基盤となる結論は、低い「銀行依存度」（つまり、日本企業の「銀行依存度」（＝金融機関借入残高／総資産残高の比率）の低さ）および一九九四年度以降の検討対象期間、とりわけ二一世紀に入って以降の期間に一層顕著に進行した「銀行ばなれ」の確認である。たとえば、多くの企業で、金融機関短期・長期借入金依存度（したがってその合計値である金融機関総借入金依存度）が0であった。借入金依存度が0でない企業についても、依存度がはなはだしくバラつき、依存度のさらなる低下傾向が観察される。「銀行ばなれ」と呼ぶにふさわしいこのような傾向は、金融資本市場の自由化の進展とともに現実化したとされる少数の巨大企業よりも、銀行以外に資金調達先を見つけることができないとされてきた中小規模企業で一層顕著に観察される。この事実は、金融関連現象の検討・理解および金融関連政策・行政の基盤となっている大前提が事実誤認、現実からはなはだしく乖離した「神話」であることを示唆する。たとえば、「失われた二〇年」を特徴づける「貸し渋り」論議・対策も、大前提から誤っているかもしれない。（「『銀行ばなれ』と『金融危機』（騒動）の実相」財務省財務総合政策研究所「フィナンシャル・レビュー」平成二三年第六号・通巻第一〇七号二〇一一年五月）

このように、三輪氏は、この期間に行われた金融関連政策・行政の基盤となってきた大前提が事実誤認であり、現実からはなはだしくかい離した「神話」であると強く警告している。

銀行の競争相手は、銀行ではなくなっている

もはや、銀行の競争相手は、銀行だけではない。その事例をいくつか紹介する。

「富山の置き薬」という薬の宅配ビジネスをご存じだろうか。薬箱を個人宅に常備してもらい、業者が定期的に訪問して顧客が使用した分だけ代金を支払ってもらうという商慣習である。製造業や小売業で、これと似た考え方の在庫管理を取り入れる手法が普及し始めている。これをＶＭＩ（Vender-Managed inventory）という。この手法では、購買者と納入者の双方にメリットがある。購買者は在庫資金や保管のための費用負担をしなくてよく、納入者は売れ筋情報などのコミュニケーションを密にすることで購買者との安定した取引が得られる。この場合の在庫資金の負担は、納入者が負うことになるが、納入者はメーカーでもあり、無駄なく必要な分を必要なだけ生産することが可能となる（図表１－４　ＶＭＩの概念図）。

また、国内の物流業者には金融子会社を創設して、ＶＭＩの情報の中継に入る形で売掛債権を買い取るファクタリングというサービスや、納入者の商品をいったん買い取ることで、中小メーカーの資金回収の短縮化に貢献するサービスを提供するという事例も出てきている。

このほかにも、ＩＴ技術の進展、サプライ・チェーン・マネジメントの進展、ＥＲＰパッケージ等の普及により、バリューチェーンの構成要素である、生産・開発、在庫管理、物流、販売、回収などの情報の「見える化」が各分野で加速度的に進展している。クラウドコンピューティングなどの普及によって、中小企業が自ら多額の投資をしなくてもすむようになり、これらのサービスを導入するための費用や時間などのハードルは確実に下がってきている。

図表１－４　VMIの概念図

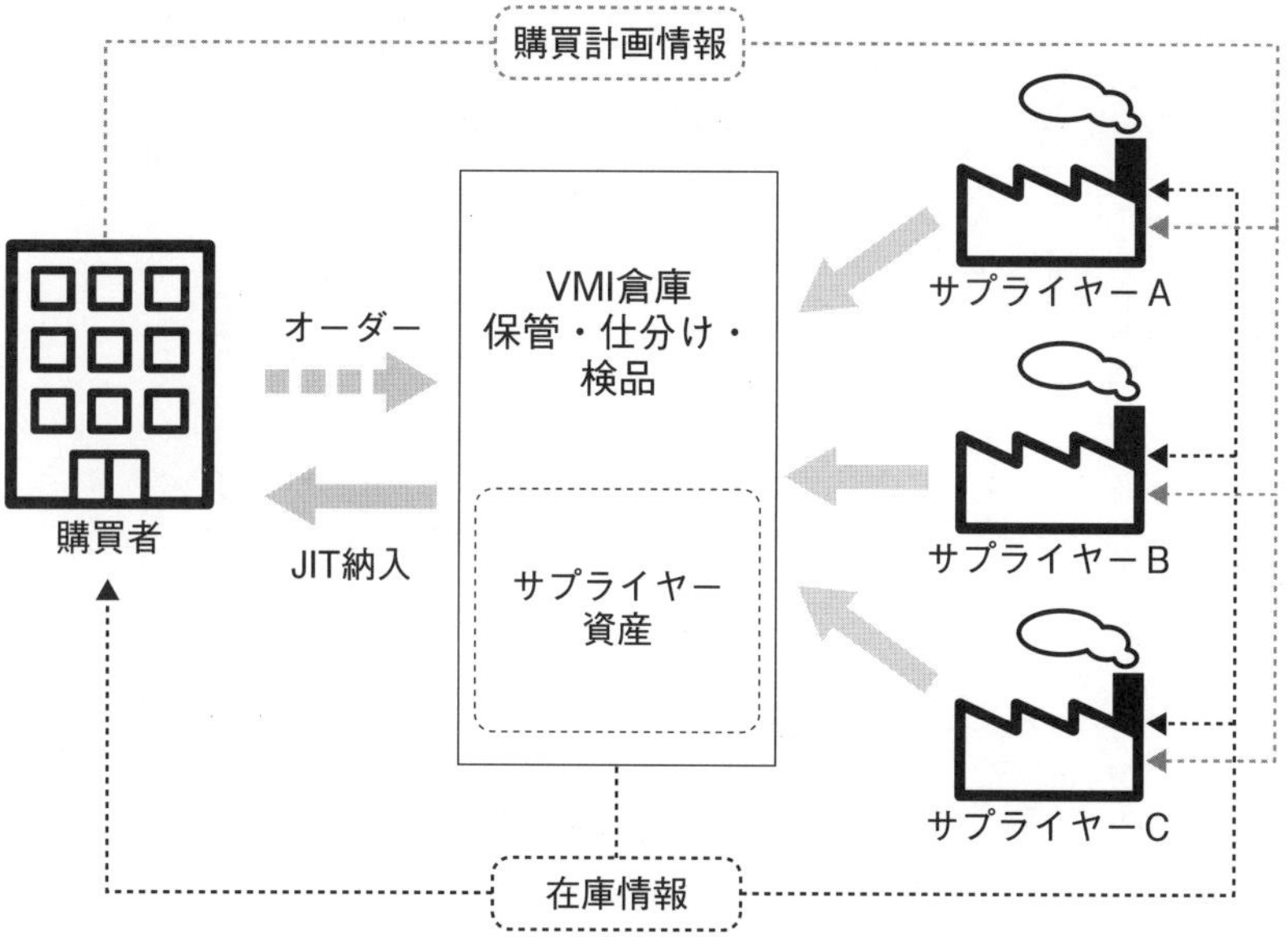

これらの動きは、もともと銀行が行ってきた運転資金の提供という役割を肩代わりしているものであるといえる。

バリューチェーンを構成する企業間の情報共有によって、企業間信用を推進するインフラが整備されようとしている。日本でも二〇〇七年に法整備がされた電子記録債権である。

電子記録債権とは、決済インフラとしての記録機関の体制が整うことにより、手形などの紙を用いた債権を電子的な手段へ代替するものである。電子記録債権が普及することにより企業間取引の利便性や安全性が高まることから、減少の一途をたどっていた企業間信用が再度拡大することが考えられる。電子記録債権は、債権情報を電子データとして処理できることから物流システムや会計システムとの親和性が極めて高く、バリューチェーンを構成する情報の活用可能性を最大限に発揮できるインフラとなるものである。

銀行が、企業間取引の資金決済機能において重要な役割を果たしていることはいうまでもない。しかし、銀行は商取引の最下流のところのビジネス領域にとどまっているといえなくもない。物流管理や在庫管理、受発注管理など、商取引の上流にいくほどバリューチェーンの「見える化」が進み、情報の付加価値が向上する。そして、その情報のなかの価値連鎖の情報を見える化できたものは、資金ニーズをリアルタイムにとらえリスクをコントロールする金融機能を持ち始める。そこには、会計情報による財務分析だけではとらえられない企業実態を示すリアルの世界がある。サプライチェーンのなかで情報生産機能としては銀行に引けをとらないようなプレーヤーが今後あらゆる分野で登場するであろう。

◇これから、顧客と銀行はどこに向かっていくのか

ソーシャルファイナンスの潮流

銀行以外の事業者が金融機能を担おうとしている新しい動きをもう一つ紹介する。「ソーシャルファイナンス」といわれるものである。

「ソーシャルファイナンス」の定義はいくつかあるが、「人と人との関係を利用した金融の仕組み」という説明が一般的になされている。資金調達を行いたい事業者が、インターネット上の仲介者を通して事業計画を公開し、その事業内容に賛同した資金の出し手（主に個人）が少額からの資金拠出を行うという形態である。仲介事

業者の形態も様々なものが存在するが、一般的に、資金の受け手に対して、資金の出し手がひとりの場合は「P2Pファイナンス（P2Pは、peer to peerまたはperson to person）」、複数から募る場合は「クラウドファンディング」と呼ばれている。「ソーシャルファイナンス」では、資金の出し手は、「資金を運用したい」というよりも、むしろ「その企業を応援したい」という気持ちをもって資金を拠出するため、借り手との顔の見えるつながりや共感が重視される。このため、小規模であっても独自性のある製品を製造する事業者や、環境問題や社会性を訴える案件が賛同を得やすいものとなる。東日本大震災後に被災地からの復興支援を目指す事業者が、この枠組みで資金を調達している事例が話題になっている。

たとえば、東京都にある、ミュージックセキュリティーズが運営する小口投資のプラットフォーム「セキュリテ」の事例では、日本酒の蔵元に対して、ある年の醸造に使われる酒米の仕込み資金などが匿名組合のファンドとして組成される。投資家に対しては、特典としてその資金で製造されたお酒が自宅に届けられる。投資家は酒蔵で開催される利き酒会にも招待される。見返りとして、事業者には投資家から元気づけられる手紙やメールでのメッセージが届くという。

慎泰俊氏は、著書『ソーシャルファイナンス革命』（技術評論社、二〇一二）のなかで、ソーシャルファイナンスの枠組みである、人と人とのつながりによる関係性が、銀行にとっての資本コストを引き下げる効果があるとしたうえで、この枠組みが将来の金融機能に大きな変革をもたらすであろうと予測している。こうした「ソーシャルファイナンス」の形態は欧米では先行して普及しているが、日本での現時点での運用規模は小さく、金融全体からみると微々たるものである。リテラシーに限界のある、個人の投資家に対して、長期投資に見合う情報仲介機能を金融業者として果たしていけるかについても、今後改善していくべき要素が多い。

「ソーシャルファイナンス」は、現在の信用金庫や信用組合のもととなった「無尽講」などの、日本文化として古来もっていた共同体による相互互助の金融機能を、今日的に表現しているものともいえる。日本酒の蔵元である事業者は、なぜ既存の取引銀行ではなく、「ソーシャルファイナンス」の手法を選択しているのであろうか。貸渋りにあっていて銀行からの資金調達が難しいからであろうか、元本保証をしなくてよいリスクを投資家が負ってくれるからであろうか。もちろん、それらの要因もあるだろうが、最大の理由は、財務諸表には表現されていない企業の社会的価値を、投資家との関係において共有・共感できるからではないであろうか。

そのことを、ここでことさら強調したい理由は、先に示した、銀行における企業の「何を評価することによって資金を貸すか」という根本的な問題に対する、一つの回答がここにあるからである。形式性・客観性が求められる銀行のなかにいて、「応援したい気持ち」などという情緒的なものを、仕組みにしていくことは困難が伴うであろう。しかし、そこには、顧客のニーズと市場が確実に存在している。

ここまで、VMIやソーシャルファイナンスの事例を示した理由は、「頼りにされない銀行」が進行する一方で、その部分をキャッチアップしていく事業者が、確実に表れていることを事例として示したかったからである。

中小企業金融円滑化法終了の真の影響

読者のなかには、銀行がニッポン株式会社にとっての「頼りにされない存在」になっているという提言に対して、実際の現場の実感とは異なるという感想をもたれたかもしれない。二〇〇九年に施行された中小企業金融円滑化法で返済猶予を申し出た企業数が三〇万~四〇万社という推計もあり、現実に中小企業は資金繰りに苦しんでいて銀行を頼りにしている事実があるではないかと。

しかし、日本には、その一〇倍の約四三〇万社の中小企業が存在する。

つまりこれは、銀行から見えている視野が狭まっているに過ぎない。債務者区分が「正常先」といわれる企業を中心に、資金面では銀行に頼らないで自力で生きていけるようになり、結果として借入れをしなくなったということである。つまり「純預金先」といわれる貸出を行わない取引としてそこに存在しているが、無借金であるため、取引のリレーションが薄くなっていきその存在が視界から消えてしまっているのである。

先に紹介した、東京大学の三輪芳朗氏は、銀行を中心として企業を見る風潮をやゆして次のように表現している。

銀行の圧倒的存在感を前提として、企業は個別銀行が管理する「池」にすむ鯉のような存在であって、たとえば、どこにも入れてもらえなければ存続できないというイメージが支配的であった。(三輪芳朗「『銀行ばなれ』と『金融危機』(騒動)の実相 「法人企業統計季報」個表を通じた日本企業の資金調達行動、一九九四~二〇〇九年度』「フィナンシャル・レビュー」平成二三年第六号・通巻第一〇七号二〇一一年五月)

これに加えて、私の解釈はこうである。

「池」はみえないところで小川につながっていた。餌をもらわなくては生きていけない鯉は「池」にとどまり続けたが、その「池」にいなくても、自力で餌をとれることに気がついた鯉は小川へと飛び出していった。「池」に餌をやる銀行の仕事は残り続けているが、いったん小川を飛び出していった元気な鯉たちはもう池には戻ってこなくなった。

中小企業金融円滑化法の終了が示すことは、いよいよ、この池を土で埋めてしまおうというものである。中小企業金融円滑化法では、従来の債務者区分のうち要注意先と破綻懸念先と呼ばれている貸付先に関して、再生が可能かどうかという区分に応じて出口を考えなさいという指示が当局から出されている。

① 経営改善が必要な債務者
② 事業再生や業種転換が必要な債務者
③ 事業の持続可能性が見込まれない債務者

①の企業は、引き続き銀行との取引を継続するが、②の再生が可能と判断された企業は、中小企業再生支援協議会や地域再生ファンドに持ち込むなどして、銀行の手を離れていく。③の自力での再生が困難だと判断された企業は、任意整理や事業譲渡など、債務整理としての出口を考えていくことになる。これに対して「出口戦略」という呼び方がされて、あまりにも企業に対する切捨てを急ぐようなイメージを与えたため、金融行政当局は、不良債権の認定基準を変えないなどソフトランディングの方向へ揺り戻しの政策を表明している。しかし、トータルとしての方向性は変わりがないであろう。

中小企業金融円滑化法は、中小企業の再生支援という任務を「コンサルティング機能の強化」というお題を与えて銀行に課したものであった。しかし三年の期間をかけても銀行はそれを期待どおりに実現することができなかった。そして、延長を重ねてきた中小企業金融円滑化法も、いよいよ二〇一三年三月に終了を迎えることとなった。

グローバル化の進展は、企業に国内だけではなく、海外の企業とも競争をしなくてはいけない環境をもたらし、国内の企業の「勝ち組」と「負け組」の峻別を明確にした。「勝ち組」の企業は、海外への事業領域の拡大や、ソフトな資源をベースとした経営を進めていったため、国内銀行への依存度を低下させることになった。「負け組」の企業は、過去の債務を背負いながら銀行依存度を高めたままの状態が続いている。そして、銀行は気がついたら「顧客がいなくなった」ということになりかねない。

中小企業金融円滑化法が終了することによって、ゾンビ企業といわれる債務者の破綻が増加することが銀行の決算に影響を与えることが、懸念されている。しかし、どちらかといえば、**銀行の機能が低下することによって「顧客がいなくなる」という影響のほうが本質的に深刻である。**償却や引当の影響は銀行内部の決算処理の問題であって、起きてしまっている状態を表面化させることに過ぎない。いわばバランスシートの問題である。しかし「顧客がいなくなる」ということは、銀行の機能低下により収益を支えていく基盤が失われていくという、将来も継続する損益計算書の問題である。これは、処理をすれば終わりという問題ではない。解決されなければ将来もずっと引きずり続ける課題である。

一般企業であっても、バランスシートの調整を進めているうちに、気がついたら体力そのものが奪われていき、復活するだけの収益力そのものも損なわれていくということがある。キャッシュフローを優先して在庫削減をしていくうちに、顧客が期待する「品揃え」や「短納期」という強みを失っていくケースなどが、その例としてあげられる。短期的収益確保のために内部の処理を行っているうちに、顧客という存在を忘れ自らの収益力を低下させていくのである。

銀行の場合、決済機能の保有や地域のコミュニティとの融合など歴史的な顧客基盤が極めて強固であるため、顧客の「銀行ばなれ」は目に見える形で急速に進行することはない。ただし、それはゆっくりと、そして確実に進行している。一〇年前や二〇年前と比較して意識をしなければその変化に気がつくことはない。それは、一〇年後、二〇年後の将来から現在を振り返った場合も同じであろう。しかし、その変化のスピードは少しずつペースをあげていっているようである。それは、顧客側のビジネス環境変化のスピードが激しいからである。

真に事業計画策定に関わることができない銀行

銀行が期待する機能を発揮できていない原因には、企業経営者側の要因も小さくない。特に中小企業の場合、企業経営者には自社の強みや弱みについて、銀行など利害関係者に説明する能力が不足しているという現実がある。短期的課題に忙殺されている企業経営者は、事業計画を策定するということに対するモチベーションも低い。

企業経営者の、このモチベーションの低下を後押ししたのは、皮肉にも中小企業金融円滑化法であった。それまでは、銀行に対して借入金の返済猶予を受けるということは、企業経営者にとっては至難の業であった。企業経営者は返済計画を見直した事業計画を策定して、それを提出しても「こんな甘い計画では稟議を通せない」な

図表１－５　企業経営者と銀行のコミュニケーションギャップ

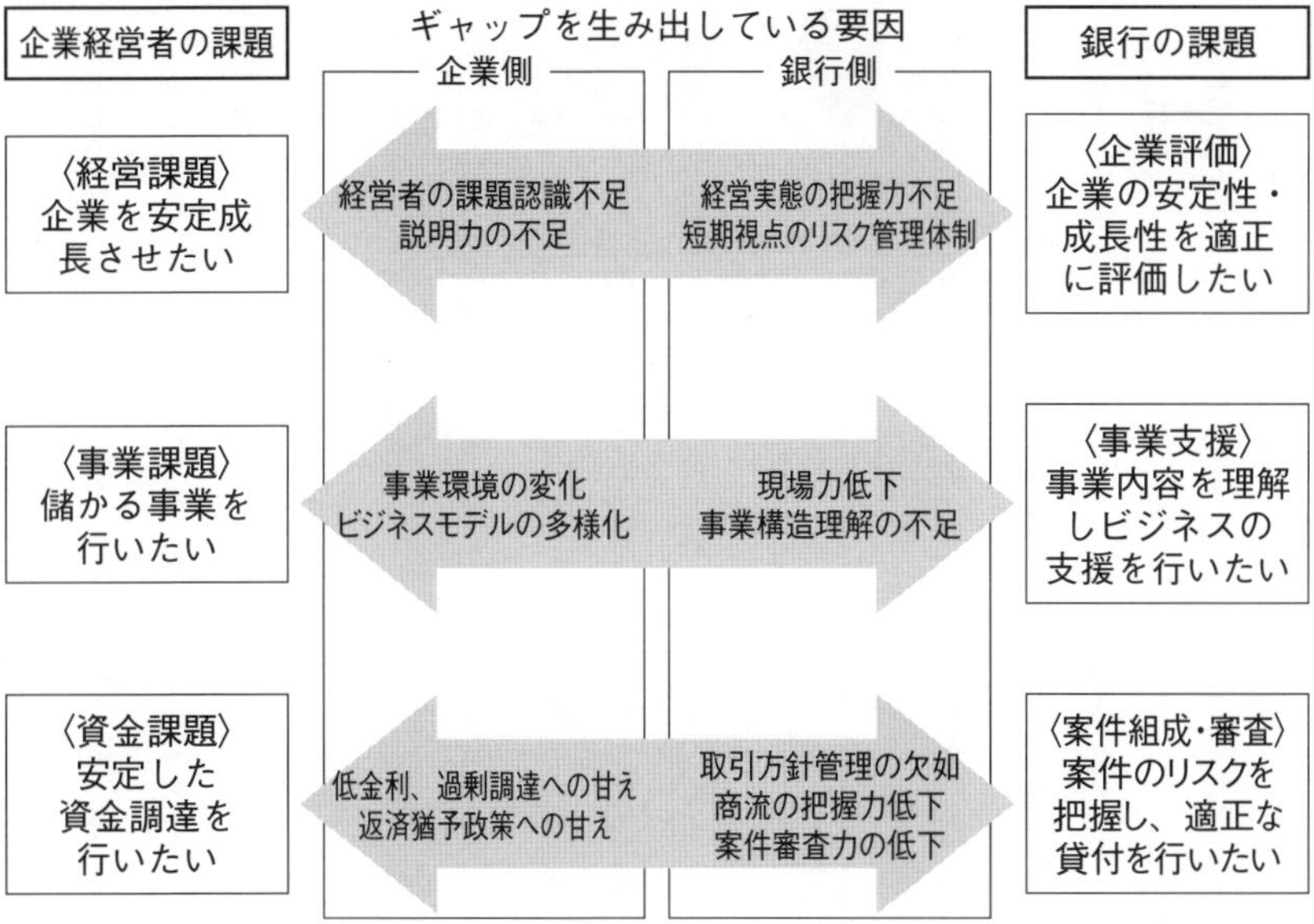

ど銀行の担当者から指摘をされ、何度も事業計画をつくり直して、やっとのこと返済の猶予が受けられたのである。だから申出するほうの企業経営者も真剣に考えて事業計画を作成する。

これが、中小企業金融円滑化法では、返済猶予の申出を銀行はむげに断ってはいけない、原則として受け入れしなくてはならない、ということになった。かつ、事業計画も場合によっては、すぐにつくらなくてもよいということになった。これでは、事業者に本当の意味で実現可能性の高い、抜本的な事業計画を作成しようとするモチベーションは働かない。

加えて、信用保証協会保証や、セーフティーネットなどの国の指導による中小企業に対する分厚い資金支援政策は、資金調達に対する企業経営者側の甘えを増長していった可能性も否定できない。

ここまで見てくると、企業側の経営課題は資金の問題だけではないことがわかってくる。

企業に対する返済の猶予や資金調達を行いやすくすることで企業の経営が改善することはなく、またソフトな経営資源を強みにしている企業は多くの資金を必要としていない。図表1－5は、企業経営者と銀行のコミュニケーションギャップによって、期待する金融機能が果たせていない構造を示したものである。

企業経営者にとっての「経営」、「事業」、「資金」のそれぞれの課題は、銀行の「企業評価」、「事業評価」、「案件組成・審査」と分けて考えることができる。よく見ると双方が目指しているものは同じである。たとえば、事業課題において企業経営者が「儲かる事業を行いたい」と考えていることと、銀行が「事業内容を理解し、ビジネスの支援を行いたい」と考えていることは、当事者であるわれわれの共通の課題である。しかし、そのわれわれの課題解決を制約していく原因を双方が抱えており、これがコミュニケーションギャップを生み出している。この問題の解決がこの後の本書のテーマとなってくる。

コラム

金融審議会「我が国金融業の中長期的な在りかた」の議論

二〇一二年七月に、首相の諮問機関である金融審議会において「我が国金融業の中長期的な在りかたについて（現状と展望）」という報告書がとりまとめられた。慶應義塾大学教授の吉野直行氏を座長として、行政、金融、経済会のオピニオンリーダーが集結した会合である。

このなかでは、わが国企業の海外進出が本格化するなか、金融業は、本源的な機能であるリスク変換機能と情報生産機能を発揮し顧客のニーズを的確にとらえ、顧客から認められる価値をつくり出していかなければならないとしている。また「顧客が認める価値を創り出す金融業に向けて」という項のなかで、金融機関は、以下のことが必要であると提言されている。

●顧客目線を重視した経営戦略の策定、戦略実行に必要な経営基盤の構築、金融人材の育成等を通じて、商品開発や販売体制を強化し、顧客が喜んで対価を支払うような金融商品・サービスを提供していくこと

まず、この提言を読んで気付くことは「顧客」という言葉が、やたらと使用されていることである。実際に、この報告書のなかでは、「顧客目線」という言葉が一〇か所も登場する。

この報告書には「在りかた」というタイトルがつけられている。「顧客目線」に立たなければ、グローバル競争のなかで、国内の金融機関の存在意義はないということを意識していることは間違いない。

実際にこの報告書のなかでは、企業向けの金融サービスの在りかたについて、金融機関の「リスク変換機能」や「情報生産機能」についてかなり踏み込んだ提言をしている。

●投融資先企業との間の、事業目的、達成手段、経営戦略についての共通認識の深化によるリスク変換機能の展開

●幅広い業種と企業の長期的関係を有する強みの発揮

●外部専門家の活用（「産・学・金」連携、地公体や、ＮＰＯの巻き込み）

●企業の将来的な事業リスクやリターンを正面から見据えた、フォワードルッキングとしての目利き力の強化（企業経営力の見極め）

●ＡＢＬ（ABL：Asset Based Lending）推進のための対抗要件に関する法的脆弱性や動産の資産価値測定におけるコスト高といった問題の解決、外部専門家の助言、業界団体を通じたノウハウの共有と制度面の改善

これらは、金融機能としての期待の変化に対する、具体的施策として提言されているものである。興味がある方は、報告書の原文をたどってほしい。

企業の自立を支援するということ

二〇一〇年六月に、中小企業を「経済を牽引する力」「社会の主役」と位置づけることを表明した「中小企業憲章」が閣議決定された。この憲章のなかでは「自立する中小企業」という特徴的な表現が用いられている。中小企業憲章の前文の一部を抜粋する。

政府が中核となり、国の総力を挙げて、中小企業の持つ個性や可能性を存分に伸ばし、自立する中小企業を励まし、困っている中小企業を支え、そして、どんな問題も中小企業の立場で考えていく。これにより、中小企業が光り輝き、もって、安定的で活力ある経済と豊かな国民生活が実現されるよう、ここに中小企業憲章を定める。

この流れをうけて、二〇一二年八月に「中小企業経営力強化支援法」という法律が成立している。中小企業の経営力の強化を図るため、金融機関、税理士・税理士法人等の中小企業の支援事業を行う者を認定し、中小機構によるソフト支援などの活動を後押しするための措置を講ずるということである。ここでも「自立」という言葉がキーワードとなっている。同法の目的には、以下のように説明がある。

厳しい内外環境を勝ち抜く自立的な中小企業、つまり、自らの経営主導の下に国内外の成長市場に参画する企業の育成化が重要である。特に、中小企業が持つ潜在力・底力を最大限に引き出し、戦略的経営力を強化することが求められている。

銀行や税理士・行政など、企業に対してなんらかの支援の役割をもつ者にとっては、「自立を支援すること」が一つのキーワードとなっていくであろう。しかし、「支援」という言葉の意味を勘違いしてはいけない。中小企業の「期待」が起点であり、「支援」することは起点であってはいけない。「中小企業憲章」に書かれている内容も、中小企業が弱者であり、支援がなくてはつぶれてしまうから助けなくてはいけない、というように読んではいけない。

これまでの「弱いものを助ける金融機能」と、これからの、「自立していく企業を支援する金融機能」では、期待される役割が異なる。「自立」しようとする企業が銀行に期待するサポート内容は、「資金」のことだけでは十分ではない。「資金」は企業の自立にとって必要条件ではあるが十分条件ではない。「資金」を投入するだけで企業が再生しないことは、中小企業金融円滑化法や保証制度の拡充によっても、企業の再生が期待どおり果たされてこなかったことで実証されている。

企業の「自立」を支援するということは、最終的には経営者の意思決定に対するサポートを行うということである。そのためには銀行が企業のビジネスモデルのなかに入って関与するということが必要となる。これは「資金」だけではなく、「事業」や「経営」に踏み込んだ対話を企業経営者と銀行がとっていくということである。それには、「目利き能力」、「コンサルティング能力」が必要となる。しかし、「目利き能力」、「コンサルティング能力」は金融行政当局の指導とは裏腹に、ここ二〇年間の施策のなかで銀行が企業経営者とのギャップを最も拡大させていったものの一つである。

現在、「事業」や「経営」に踏み込んだ企業取引の方法論が確立されている銀行は少ない。ただし、部分的であっても、それを着実に実現しようとしている銀行も存在している。その事例も、本書のなかで少しずつ紹介していきたい。

本章では、失われた二〇年の間に銀行の貸出が伸び悩み、企業経営者が銀行を頼りにしなくなってしまっている現象について分析を試みた。その要因は、デフレ経済などのマクロ経済に求めるだけではなく、ビジネスモデルの変革を進めてきた企業の変化に対して、銀行が間接金融としての意思決定やコミュニケーションなどの情報生産機能を転換させる対応を行ってこなかったことにも着目をした。また企業経営者の側も自ら事業計画を策定し、銀行とのコミュニケーションを図っていく「自立」が必要であることにも言及した。

多くの読者は、企業側から見た銀行に対する期待の低下を食い止めたいと考えて、この本を手にしていると思う。「依存度」という言葉がネガティブであれば、「期待度」に変更してもよい。日本の銀行は企業経営者からの期待度を高めていくだけのポテンシャルを十分にもっている。しかし、同時にそれを活かしきれていないともいえる。日本の銀行が、自立していく企業を支援する金融機能をどうやって実現していけばよいかについて、次の章から解き明かしていこう。

第二章 バリューチェーンファイナンスが実現するビジネスモデル

◇バリューチェーンファイナンスとは何か

顧客への影響を意識していない銀行

事業を営む者は、商品やサービスの提供を通して、顧客である相手方になんらかの影響を及ぼしている。顧客が生活者であれば日常の生活に影響を及ぼし、事業者であれば商売としての事業運営に影響を及ぼす。

顧客は与えられるプラスの影響を期待をして商品やサービスの提供者に、いくばくかの対価を支払う。車を購入すれば、移動時間が短縮するだけではなく、移動空間の快適さや、ステータスなども獲得できる。顧客はそれを期待して、何百万円もの資金を財布から取り出すのである。

さて、事業者のなかでも顧客に与える影響度合いが特に深く強いと思われる業界がいくつかある。

たとえば、医療業界。顧客は、病院に来る患者である。医療はその顧客が被ったけがや病気に対して関わっていくサービスである。ときに、生命にさえ関わることもあるため、患者に与える影響は極めて大きいといえる。

モノを購入するとき、忙しいときはそれを我慢して明日に回すことができるが、けがをしたときは、我慢することはできず、急いで病院に駆け込んで、治療を受けなくてはいけない。

金融業界も、顧客に与える影響度合いが強くかつ、その効果が長期的であると考えられる業態である。金融とは顧客との「お金」に関する問題について支援するサービスであるが、「お金」というものが、事業の存続や人の人生に大きな役割を果たしているので、結果的には、顧客に対して強い影響を及ぼしてしまう。

医療サービスと同じように、銀行への返済や仕入先への代金決済を、今日ではなく明日に回すことを世間はあまり許してくれない。金融は、顧客の生活や、事業の主役ではなく、それをサポートする役割に過ぎないが、顧客に幸福をもたらすきっかけとなることがある。そして時として、融資を受けられないことにより、結果的に顧客に対して不幸な運命をもたらすボタンを押すこともある。

医療業界も金融業界もサービスとして表出している部分は、病気の治療や、資金の貸し借りであるが、その裏側は人の生活や人生に深くかかわっている。

事業者の顧客であっても、その組織を構成しているのは、一人ひとりの生活者であり、金融業界の役割は、最終的には生活者としての幸福を果たすことをサポートすることにある。

このことを、立命館大学教授である、大垣尚司氏は、金融を学ぶ人たちのための教科書として発刊した『金融と法』という書籍のなかで、次のように述べている。

いかなる経済活動も最終的にはその構成員である「生活者としての個人」の幸福達成が目標である。金融も最終的には、我が国あるいは世界に住むひとりひとりの「生活者としての個人」のために存在している。い

かなる高度な金融技術もこの目標を離れたところでは意味を持たない。(『金融と法』有斐閣、二〇一〇)

それでは影響を受けている顧客は、銀行に対して何をどのように感じているのであろうか。銀行に対するクレームや、賞賛の反応は消費財などを取り扱っている他の業界に比べて少ないような気がする。これだけ顧客に深く浸透している身近なサービスであるにもかかわらず、利用者からの声が少ないのは不思議なことではある。どちらかというと、銀行の顧客は、銀行のサービスに対しては意見をもちつつも、声を出してそれを訴えることを遠慮する「サイレント・マジョリティ」の立場を通してきた傾向が強い。もしかしたら、実質的に存在しているといわれる貸し手としての優越的地位が顧客を「サイレント」にしていたのかもしれない。

銀行と他の業界の大きな違いの一つは、クレームに対する対応の仕方である。製造業やサービス業、小売業では、クレームは顧客の声を代弁し、自社の製品・サービスを改善するための材料を提供する貴重な情報資産であると位置づけている。クレームを反映する商品開発やサービス改善の努力が日々の業務のなかに埋め込まれている。しかし、銀行ではクレームは、ただ処理するための情報としてしか扱っていない。できれば、クレームはないに越したことがないとも考えている。クレームの要因が、顧客側なのか、銀行側なのかの要因の仕訳を行い、銀行側の要因が少なければよしとして、それでクレーム〝処理〟の業務は終了する。商品やサービスの企画は、本部の企画部署が内部で、「売りたい」、「貸出を増やしたい」という発想の起点から制作される。そこに顧客のナマの声が反映されるケースは多くはない。

インターネットが普及している今日、影響を受けている顧客のほうが、影響を与えている企業に対してモノをいう時代に突入している。彼らは、ツイッターやミクシィ、フェイスブックなどのソーシャルメディアという武器を手に入れている。生活者は、企業や組織に対して、情報を透明にすることを要求している。企業は影響を与える顧客側の視点に立ったコミュニケーション戦略が求められるようになってきている。この潮流は「ソーシャルシフト」と呼ばれている。同名の著書『ソーシャルシフト』（日本経済新聞出版社、二〇一一）を発表した斉藤徹氏は、長引く不況、終身雇用時代の終焉、老後への不安感、環境問題の深刻化などによって、使えるお金が限られるなかで、消費行動にも大きな変化が生まれてきていることを指摘している。そのうえで、生活者は、一円でも安いものを買うことではなく、生活をみつめ直し、本当に必要なものを選別するようになった。このような価値を提供できない事業者は、コモディティ化（提供する価値が均質化・一般化すること）の波にのまれ、価格競争に巻き込まれていく運命となる。

事業金融における企業という顧客であっても状況は同じであろう。今日は、高度成長期のように、資金調達を行って投資さえすれば、ほぼ確実に収益をあげられるような時代ではない。そのため、企業経営者は「企業はなんのために存在しているのか」ということを常に考えていかなければいけない。今日ほど、企業経営者が経営理念や、経営ビジョンを求められる時代はない。そうしていかなければ、生き残っていけないからだ。銀行も、そのように考える企業経営者の視点に寄り添ったサービスを提供できない場合は、やはり金利競争に巻き込まれていく運命となる。

銀行は顧客に与える影響に対して、どの程度関心をもったオペレーションをしているだろうか。銀行は企業の経営者が考えている経営理念や、経営ビジョンを知っているのであろうか、または知ろうとしているであろうか。

第一章でみてきたように、価値形成のプロセスにかかわり合おうとしない銀行に対して、企業の側は、静かに、ただし確実に、金融機能を銀行以外に求めるという行動を始めている。

銀行は、顧客に対して自分の収益に影響を受ける対象としては関心をもつ。顧客を集合としてとらえ、全体のポートフォリオに対して、リスク分析等を緻密に行うことは得意である。しかし、相手方である企業に対し、自分の行動が影響を与える対象としてはみていない。大半の銀行員が自分に対してお金を払ってくれる財布の所有者としてしか、顧客をみていないとしたら残念なことである。

この時、顧客は銀行をどのように見ているであろうか、そして企業経営者は銀行に対してどういう行動を起こすだろうか。

第一章で指摘した顧客からの「頼りにされない銀行」の影響を見れば、金融業界における「ソーシャルシフト」は、すでに始まっているといえる。「サイレント」であるがゆえに気がつかなかったのかもしれない。または、顧客のほうに関心が寄っていなかった、むしろ、関心を寄せていたのは、株主や金融行政当局のほうかもしれない。この、バランスの欠如が、顧客に期待されない銀行像を作りあげていった要因の一つではないかと私は考えている。

バリューチェーンファイナンスの定義

どの業界であっても事業は顧客との関係性において成り立つものであり、「顧客に与える影響」と「顧客から与えられる影響」の両方を管理することが求められる。しかし銀行には「顧客から与られる影響」を管理する業務はできているが、もう一方の「顧客に与える影響」を管理する業務はできていない。つまり他の業界では当た

図表1－6　バリューチェーンファイナンス

Value―企業が**付加価値を生む構造を「見える化」**し
Chain―その価値が形づくられる**つながりにともに関わる**ことで
Finance―企業と金融機関がともに**成長を支えあう金融手法**

顧客からの影響を管理する業務	顧客への影響を管理する業務
信用リスク管理 営業推進管理 コンプライアンス管理 クレーム管理	マーケティング 事業視点のコンサルティング 顧客ニーズ起点の商品開発 長期の取引方針管理

り前に行っている業務のうち二分の一の機能が欠けているのである。

他の業界では、この「顧客に与える影響」を管理する業務が当たり前に組み込まれている。

たとえば、日本でむしろ発展した、コンビニエンスストアという業態は、「顧客に与える影響」を意識し続けることにより、小売業という機能を、顧客の生活時間や、生活導線のなかに位置づけることによってビジネスモデルを変革していったという典型的な事例であるといえる。

企業向けサービスも同様である。たとえば、中小企業のビジネスドクターを標榜する税理士集団であるＴＫＣ全国会は、会員事務所が関与している企業の利益率などの財務指標が、関与していない企業の指標と比較して優れていることを、強みとして認識している。つまり、自分の強みを顧客の利益を通して評価している。

バリューチェーンファイナンスという言葉は、金融機関に欠けている二分の一の機能、つまり「顧客に与える影響」を含めて全体を一体化した金融機能をつくりたいという視点から生まれてきたものである。銀行にとって「顧客に与える影響」を管理する業務とは、たとえば、長期的視点に立って顧客の取引方針を策定するということである。

「顧客に与える影響」と「顧客から与えられる影響」を同等に管理することができて初めて、金融機関は、顧客と一体となった、価値が生まれていくプロセス、つまり地域や顧客とのバリューチェーンのなかに組み込まれることができる。

バリューチェーンファイナンスは次のように定義づけられる。

〔バリューチェーンファイナンス〕

Value ―企業が付加価値を生む構造を「見える化」し

Chain ―その価値が形づくられるつながりにともに関わることで

Finance ―企業と金融機関がともに成長を支え合う金融手法

ここで、改めてバリューチェーンファイナンスという新しい概念を持ち出すまでもなく、リレーションシップバンキングという言葉があるではないかという意見もあると思う。第一章でも紹介したが、リレーションシップバンキングとは、「金融機関が、借り手である顧客との間で親密な関係を継続して維持することにより、外部では通常入手しにくい借り手の信用情報などを入手し、その情報をもとに貸出等の金融サービスを提供するビジネスモデル」という概念である。

実のところ、リレーションシップバンキングとバリューチェーンファイナンスには方法論としての違いはあまりない。しかし、大きく違うところがある。それは「視点」である。

リレーションシップバンキングは、金融機関を中心にとらえ顧客との関係強化により、金融機関の収益モデルを考えることである。

バリューチェーンファイナンスは、顧客を中心にとらえ、金融機関と顧客を一体としてとらえたうえで、金融機能の在りかたを考えるということである。

バリューチェーンファイナンスは「視点」の中心が金融機関のなかにはない。銀行のビジネスモデルであるのに、「視点」の中心が金融機関のなかにないとはどういうことか。それは、付加価値を生む活動自体は顧客である企業の側にあり、金融機関はその活動をサポートする機能であるということである。これは、銀行にとっての「顧客」とは他者である「誰か」ではなく、銀行自身が部分を構成する「われわれ」であるという意識をもつということである。

地域や日本、グローバルでもよい。金融という機能を、その経済における生態系のなかにいる一つの存在として自らの存在価値をとらえてみよう。顧客を他者として見るのではなく、自らもそのバリューチェーンの生態系を構成する内側に部分として存在している。**顧客と銀行の関係を区分して考えるのではなく、顧客と銀行を含めた一つの生態系をわれわれ自身としてとらえ、銀行がわれわれ自身のためにどうあるべきか、という視点に立つことが大きな「視点」の転換である。**

金融機能は顧客にどのような幸福をもたらすであろうか。

資金を提供することで可能性のある事業に対してイノベーションを起こす役割を果たすと、住宅ローンを提供することで若い夫婦に対して幸せな家庭生活を提供していること。これらの役割としての機能を確実に担っていくために、在りたい姿を実現するために生態系の内側の部分として自らの果たすべき機能を構築するための手法、それがバリューチェーンファイナンスである。

バリューチェーンファイナンスは、マーケティングの視点では次のように説明できる。通常のマーケティングでは、ＳＴＰといわれる手法が用いられることが多い。ＳＴＰとは顧客を地域や階層などによって細分化し（セグメンテーション：Segmentation）、そのなかから対象顧客を設定し（ターゲティング：Targeting）、自社の差別化ポイントを位置づける（ポジショニング：Positioning）という順に戦略を策定するマーケティング手法のことである。

ＳＴＰを銀行に適用したとすれば、銀行はまず顧客を細分化するという作業を行う（セグメンテーション）。顧客を地域・信用格付・企業規模などで分割していき、どこの顧客層をねらって（ターゲティング）収益をあげるかという戦略策定（ポジショニング）を行うことになる。そのうえで「重点顧客」「重点地域」などの名称としてターゲットとする顧客を設定し、そのターゲットとした顧客に対して差別化を図るためのポイントをポジショニングすることによって商品戦略やチャネル戦略を講じていく。

しかし、バリューチェーンファイナンスではセグメンテーションと、ターゲティングをすっ飛ばして、いきなり銀行の在りかたとしてのポジショニングからマーケティングの検討を始める。「視点」の中心が、自分ではなく、顧客や、顧客を含む経済の生態系のなかにあるからである。「地域のなかで、わが銀行はどうありたいか」「地域のなかで、わが銀行は何を成し遂げるべきか」という自らへの問いから始めることになる。

国内でのサービス展開をメインとしている銀行、特に地域金融機関は、セグメンテーションを行って顧客を選ぶことはできない。地域金融機関は地域というコミュニティ・生態系のなかの一部として金融機能の存在が組み込まれている。銀行という業態は特に、顧客を選び、ターゲットを設定することが困難な業態である。それはネガティブなことではない。だからこそ、そこにある地域と銀行を一体としてとらえて、自身のポジショニングを設定することから始めるのだ。

バリューチェーンファイナンスを目指す銀行のポジショニングを定義するとすれば、たとえば「自立的成長を目指すことを通じて、地域社会と住民社会に貢献している企業を支援すること」ということであろう。

念のために触れておくが、バリューチェーンファイナンスは金融機能としてのコンセプトのことを指しており、それを担うのは、必ずしも銀行であるとは限らない。信用金庫や証券会社またはファンド運営会社とも限らない。第一章で述べているとおり、事業金融の機能は、仕入れ・販売先等の企業間信用を含めて拡大している。また、金融機能のアンバンドリング（機能の分解）が進展しており、情報生産機能や、コンサルティング機能、決済機能等が別の組織と連携していく形態も進展していくであろう。しかし、そうであるとしてもバリューチェーンファイナンスの機能を担えるポテンシャルを最も有するのは銀行である。その理由については、これから述べていく。

また、バリューチェーンファイナンスは、必ずしも斬新で革新的な手法や、イノベーションを実施しなければ実現できないものではない。これまでの金融機関が行ってきた伝統的な審査や信用リスク管理の手法、また、経営者や職員の倫理観やプロフェッショナリズムは土台として失ってはいけないものである。ただし、顧客や顧客を含む生態系の変化に応じて、ビジネスモデルの転換が必要なところがある。

バリューチェーンファイナンスが、具体的にどのようなビジネスモデルかについてみていくことにしよう。バリュー（Value）、チェーン（Chain）、ファイナンス（Finance）の順に説明をしていく。

Value——企業が付加価値を生む構造を「見える化」する

まず、説明を行うのは、バリューチェーンファイナンスで定義しているところの「Value—企業が付加価値を生む構造を「見える化」する」の部分である。

事業金融を、「企業が事業を営むうえで、生じる資金の過不足を第三者との間でやりくりすること」と定義しよう。この定義は前述した大垣尚司氏の著書から拝借している（『金融と法』有斐閣、二〇一〇）。「第三者」とはたとえば銀行である。「やりくり」とは時間を越えて、資金をやりとりすることである。その「やりくり」の時間軸のなかで、企業は経営資源を使って価値を生む活動を行う。それは、製造業の場合は原材料や部品の加工であり、卸売業であれば集荷・分配であり、また、サービス業の場合は便益の提供であったりする。

この企業が資金の「やりくり」の時間軸のなかで価値を創造するプロセスを、経営学者のマイケル・ポーターは〝バリューチェーン〟と呼んだ。〝バリューチェーン〟とは「価値の連鎖」という意味であり、ポーターが、価値が形づくられる連鎖のプロセスを説明しようとしたものである。（図表1－7）。

貸し手である銀行は、貸出するかどうかの判断をする前に、返済されるまでの企業内のバリューチェーンのプロセスを把握し、そのプロセスのなかにあるリスクを見極めるという審査を行う。また、貸出を行ったあとは、銀行は現実に想定したとおりに企業がそのバリューチェーンに添った活動をしているかどうかのモニタリングを行う。これが、銀行が資金の提供を通じて、企業の価値創造のプロセスを見極める役割をもつ情報生産産業であ

図表1－7　バリューチェーンと借入・返済

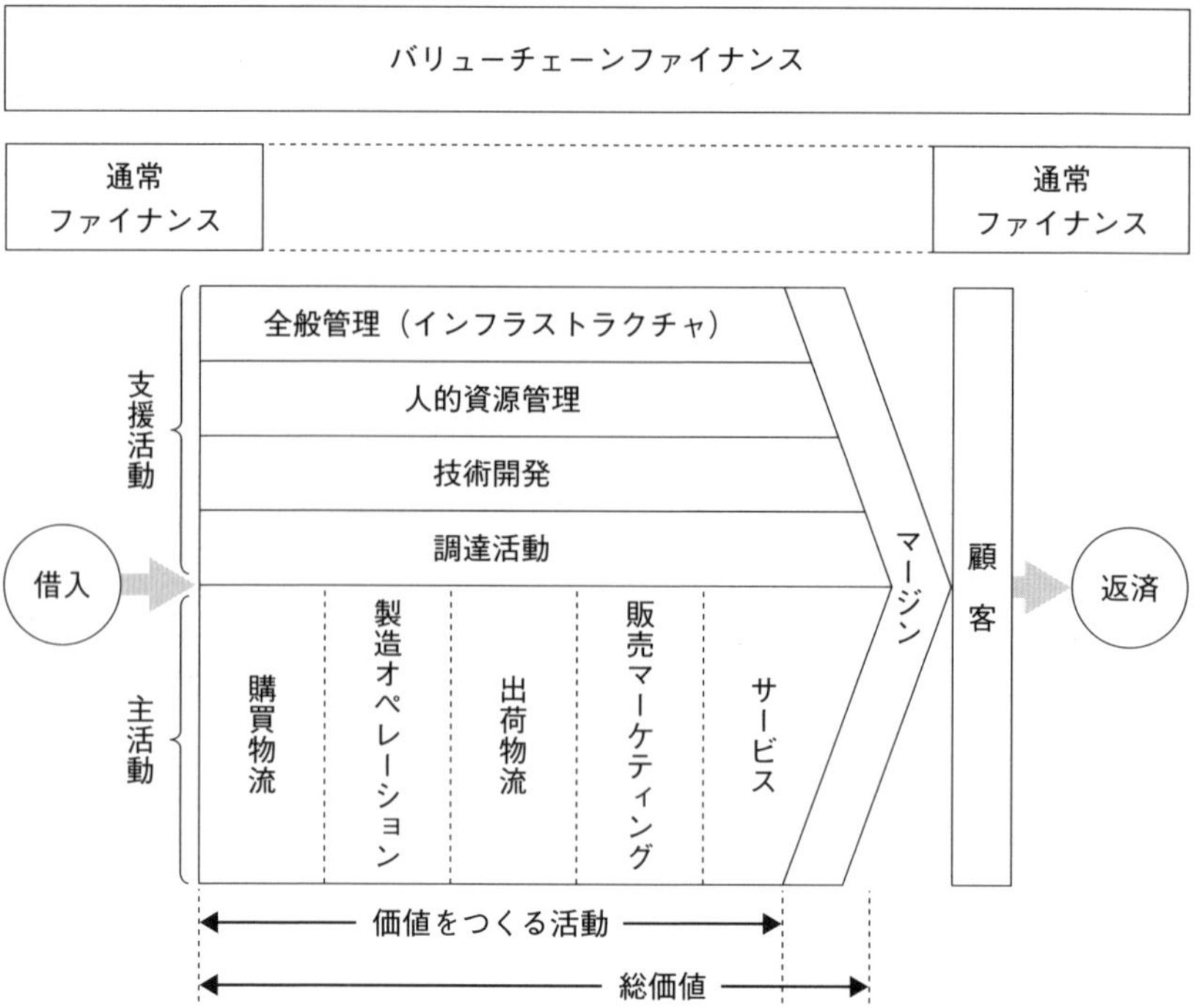

るといわれるゆえんである。

銀行はそれを見極めることができる「目利き」のプロであり、貸出を通してこの活動を繰り返すことにより、貸し手に対して価値の創造をもたらし、地域や業界の経済の成長を支えていくことに銀行の社会的な役割がある。

銀行の法人向け企業貸出の約七割が「運転資金」といわれている。「運転資金」とは、通常時の事業活動を回していくために必要となる資金のことである。「運転資金」の必要額を見積もるうえで、銀行の職員が必ず覚えなければならない計算式がある。

必要運転資金
＝売掛債権＋棚卸資産－買入債務

これによって、製造業であれば、原材料や部品を仕入れたあと、それを加工し

図表１－８　バリューチェーンと資金の流れ

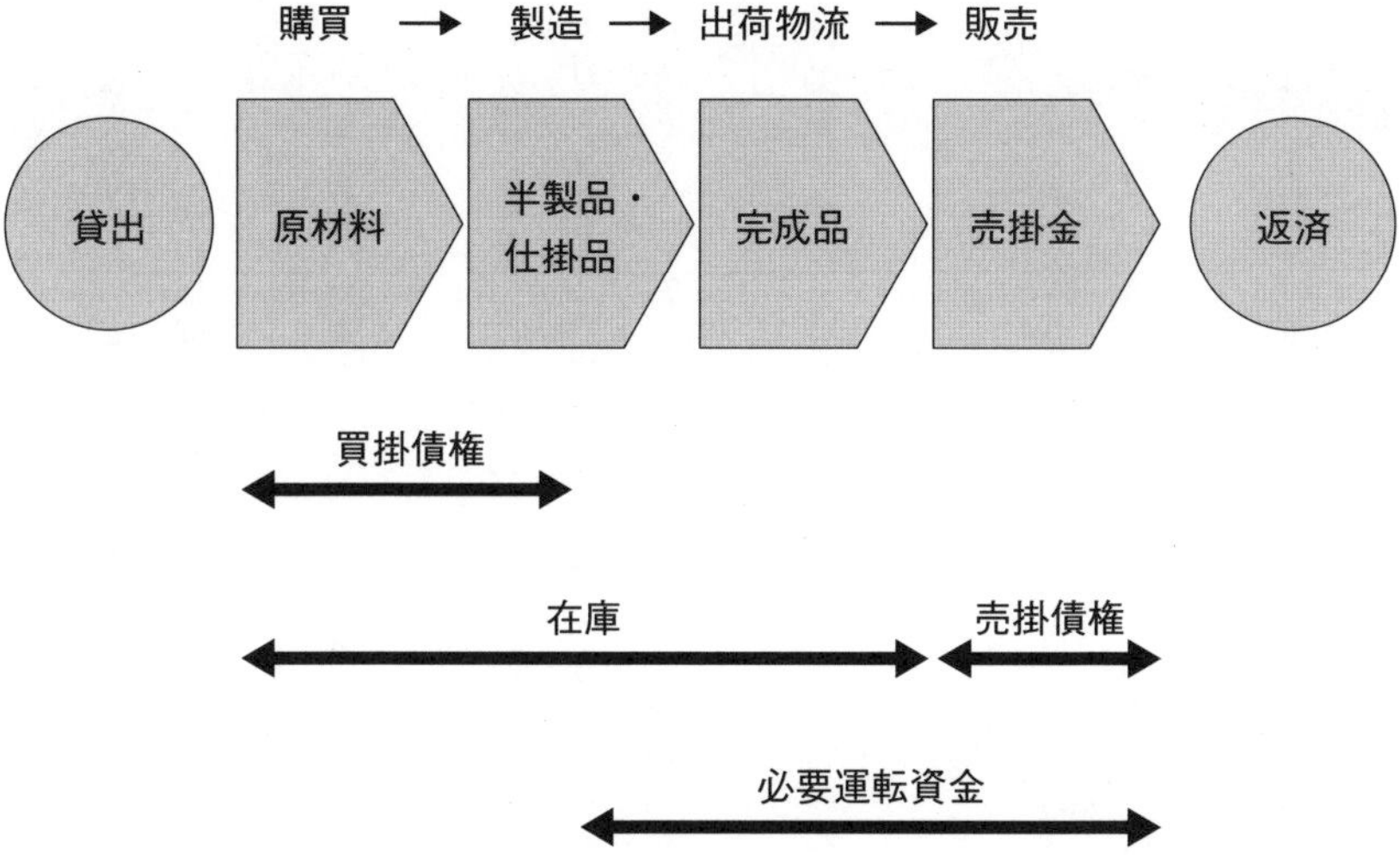

た製品を販売し、実際に現金として回収できるまでの立替期間中に、先払いとしていくら資金が必要となるかを計算することができる。

これを、企業のバリューチェーンを構成するプロセスとつなげて表示したのが図表1－8である。

銀行が貸出の判断を行うことを「案件審査」というが、このときに、「運転資金」の額やそのバリューチェーンの妥当性を検証する。具体的には、企業が本当に返済できるかどうかを判断するために、このバリューチェーンの流れに沿って、価値を生み出すプロセスを理解し、プロセスごとに在庫や売掛金の状態をモニタリングしなくてはならない。そして、その価値創造のプロセスが企業のどのような経営資源としての「強み」によって成り立っているか、またはどのような「課題」があるかを見極めることが必要となる（この企業の経営資源を見るところを「企業審査」といって「案件審査」とは別に表現する場合もある）。

しかし、多くの銀行は、この分析を会計上の財務情報からしか行っていない。もちろん、財務情報からもバリューチェーンの構造についてある程度の情報を得ることができる。しかし、会計上の情報では「どれだけ価値を生んだか」はわかるが「どうやって価値を生んだか」については知ることはできない。

そのため、銀行は売掛金や在庫の評価を行い、実質的な処分価格の査定を行った決算書を作成することがある（これを「実態バランス」という）。この場合も、売掛金や在庫が「腐っているかどうか」を判定することには有効だが、そもそもの問題として「なぜ腐ってしまったか」を知るには、これまでとは違うアプローチが求められる。

たとえば、企業にとっての「在庫」はバリューチェーンのプロセスの重要な通り道であり、「在庫」の状態をモニタリングすることにより、企業の多くの情報を得ることができる。例を示せば、図表1－9のように、外部環境の変化や、経営管理状態の変化は、財務実績として結果に表れる前に、在庫の情報として一歩先んじて現れてくる。

私は動産評価のプロフェッショナルといわれる方に、実際にヒアリングしたことがあるが、倉庫の在庫を実査するだけでも、段ボールの積まれ方、におい、汚れなどの管理状態を見るだけで企業の倒産兆候が透けてみえるという。

たとえば、売り時を逸した「死に筋商品」のほこりの積もった段ボールが倉庫に多数積まれている状態は、マーケティング戦略の不備、商品政策のミス、収益管理の不備、従業員のモチベーションの低下という情報を与えてくれる。

これは、人間でいうと身体を循環している血液の検査を行うことにより、健康状態や、病気の徴候が見えてくることに似ている。

図表１－９　在庫状態の変化から読み取れる企業のバリューチェーン

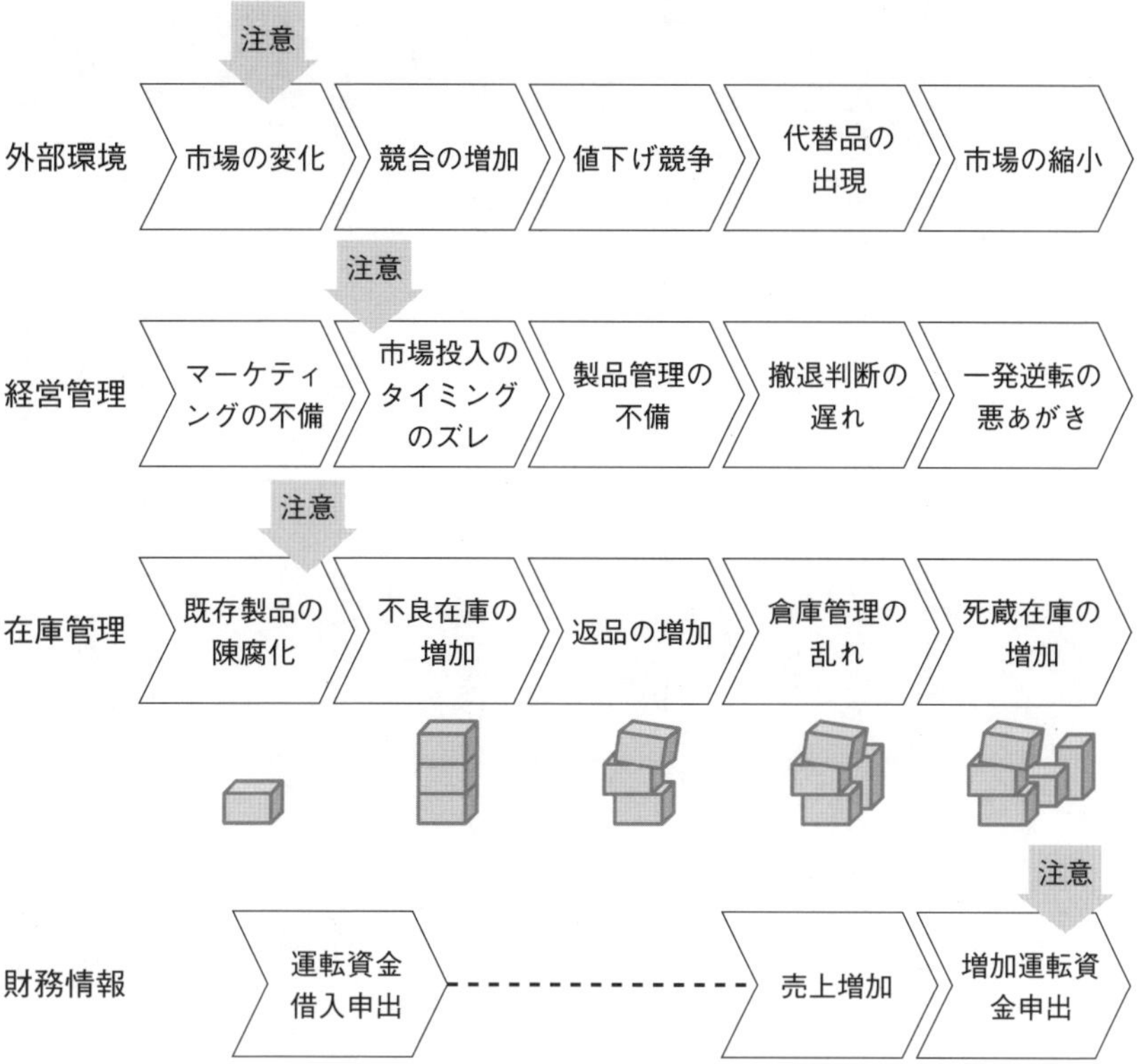

銀行が企業の不動産だけではなく、在庫や売掛金などの動産を担保にとるＡＢＬという手法が、近年日本でも普及が始まっている。しかし、約二四〇兆円の中小企業金融の中で、ＡＢＬの市場規模は、現状年間二千億〜三千億円程度と少ない。比率にすれば〇・一％程度にすぎない。銀行員の動産に対する評価ノウハウ不足や、動産評価のコストの大きさ、債権譲渡禁止特約等の問題が伸び悩みの理由とされている。しかし、これは、銀行目線での話である。企業経営者の視点に立ってみれば、在庫である動産の評価がリアルタイムに把握できるということは、適正な在庫水準を管理し、不良化す

る前の在庫の処分を急ぐなどしてキャッシュフローの改善につなげることができる。この情報を企業経営者と銀行が共有することができれば、担保としての意味合いを超えて、銀行の安心とともに企業も事業を拡大する可能性が見えてくる。「付加価値を生む構造を『見える化』する」とは、たとえば、「在庫」という点に着目すれば、こういうことである。

これまで、多くの銀行は企業のバリューチェーンを把握する活動は求められることはなかった。製造業を中心に経済が安定成長していた時代は、決算書上の過去の情報だけを見ていれば、だいたい将来儲かるかどうかがわかったからである。

今日、成長経済から低成長経済へ、そして工業化社会から知識経済社会へと転換し、同じ業界であってもビジネスモデルは多様化している。融資の対象としての企業のビジネスモデルが変化しているのであるから、銀行側の審査の手法もそれに合わせて変化しなくてはいけない。

企業は他社と差別化して違うビジネスモデルをつくることによって生き残っていかなければいけない。企業は、他社と差別化できていること、つまり他社と違うことに価値を求める時代である。そのなかで、銀行が、業界としてひとくくりにはせずに、個別企業ごとのバリューチェーンの構造を見極めることをしていく必要がある。そのために必要なものは、顧客との対話をベースとしたコミュニケーションと、そこから得られる顧客の情報である。これらのことついては、第Ⅱ部で詳しく触れていくことにする。

Chain――価値が形づくられるつながりにともに関わる

次に、バリューチェーンファイナンスで定義しているところの「Chain―価値が形づくられるつながりにともに関わる」について触れていく。

図表1-10は、価値創出顧客と、その価値創出を支援する銀行の関わり方を表したものである。

この図のポイントは、顧客と銀行の真ん中にある部分のつながりである。この、つながりの部分が「Chain―価値が形づくられるつながりにともに関わる」ということである。

つまり、ここでいっているつながりとは

- 「価値を創出する顧客」と、「価値創出を支援する銀行」のつながり
- 顧客が「獲得したいもの」と、銀行が行う「獲得の支援」のつながり
- 顧客が「解消したいもの」と、銀行が行う「解消の支援」のつながり

のことである。

これを効果的に実現するために銀行に求められる機能をバリューチェーンファイナンスでは規定する。

企業の成長、とりわけ、中小企業に関しては、成長の制約となるのは経営資源の不足である。それは、知識・ノウハウ、技術力・人材力、販路などのことである。

図表1－10　Chain～価値が形づくられるつながりにともに関わる

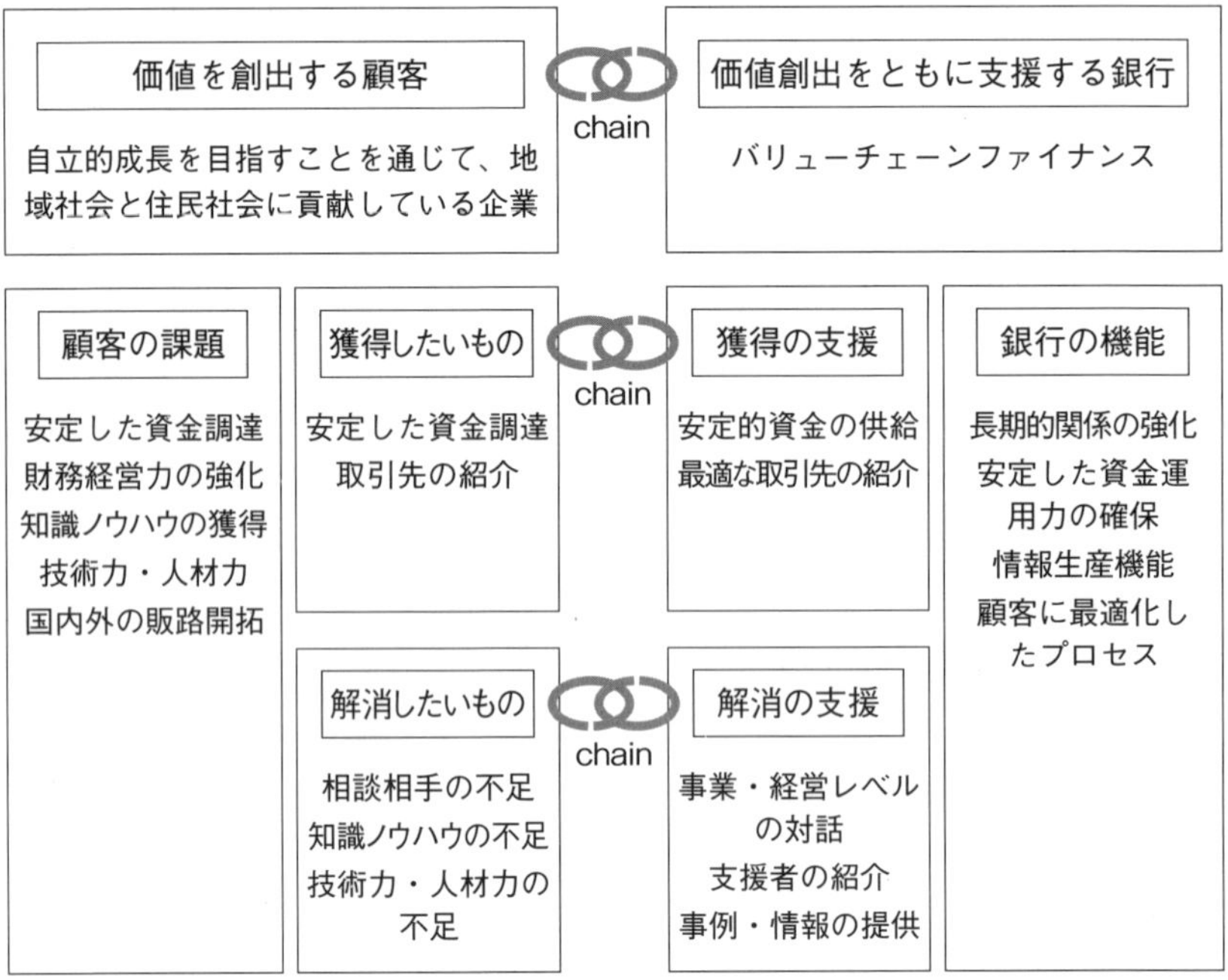

この中小企業にとって不足している経営資源に対してサポートを行うことが、銀行が顧客の価値形成のために「ともに」関わることができる大きな要素である。

銀行には企業が成長していくために必要とする、「資金」以外の資源が豊富に存在している。正確には、銀行が、保有している資源ではなく、銀行がもっている情報によってつながり合うことができる、取引先や、学会、自治体などのリレーションである。それらを多く保有しているために、銀行は関係者との経営資源をつなぐハブとなることができる。

地方銀行の多くは、由来をたどれば一〇〇年以上の歴史を有しており、地域企業の決済ルートとのネットワークが網の目のように構築されている。地元での口座保有率は五〇％を超えているところも多い。これは、とてつもない資産であるといえる。特に、これらを銀行が保有する「関係資産」というよび方をする場合もある。

地域の生態系やネットワークのことを指して「産業クラスター」とよぶときがある。クラスターとは「(ぶどうの)房」という意味である。これはぶどうの房のように企業、大学、研究機関、自治体などが、地理的に集積し、相互の連携・競争を通じて新たな付加価値を創出する状態のことを指している。ＩＴ企業が集積することで知られたカリフォルニア州のシリコンバレーがその代表例である。組織と組織が網の目のように張りめぐらされた「産業クラスター」のなかに、バリューチェーンの情報が集まるハブとして存在している銀行の存在があるとしたら、それはとても大きい。

銀行が保有する経営資源のうち、他の業界と比較して最も圧倒的なものは「関係資産」である。銀行は、顧客を含めたネットワークという巨大な「関係資産」を保有しており、そのネットワークの力を生かすことで実現できる課題解決力は計りしれない。

ある銀行の役員から聞いた話がある。もともと顧客に対して世話好きであったその方に対して、役員となった今でも顧客からありとあらゆる相談が舞い込むという。直接の取引先の紹介や、マーケティングや経営計画に関する相談はもちろん、なかには、「後継者としての婿を探したい」「犬の葬式をどこであげればよいか」というものまであるそうだ。そして、自身が所属する銀行の「関係資産」のなかで、解決できない問題はほとんどないという。その方は、それらの問題に真摯に答えていくことになんら躊躇はしていない。その顧客への施しの活動が、最終的に自分たちの利益となって返ってくることを知っているからである。

考えてみれば、大小の規模にまたがってすべての業種との取引があり、その取引先の事業内容や財務情報、人的情報が集約されている業態は、銀行以外には存在しない。私が属するＩＴ業界は銀行に準じて多くの業種の企業と取引をしているといえそうだが、さすがに、私はペットの葬式の相談に対しては対応ができないし、職務範囲を逸脱するため行うこともできない。しかし、銀行では、その活動が許され、ときには高く評価される。

コラム

銀行だけが実現できるビジネスマッチング

現在、ほとんどの銀行がビジネスマッチングという企業と企業の取引を仲介する業務に取り組んでいる。しかし、ビジネスマッチングの活動が必ずしも顧客のニーズを起点としているものではない場合は、イベントや、セールスとしての銀行視点の活動になってしまい、運営が形骸化しているという事例もよく聞く。

ビジネスマッチングにおいて最も重要なことは、仲介者が事業や経営の課題に踏み入って情報をコーディネートすることである。「売りたい」、「買いたい」という情報を表面的にとらえて、イベントや情報マッチングの場を提供するだけでは、企業のニーズにかなったマッチングは実現しにくい。

最近では、銀行以外の事業者が行う、インターネットやイベントを活用した、ビジネスマッチングサービスも活発化している。それらのサービスで成功事例に共通しているのは、マッチングの目的が明確であることである。たとえば、「特定分野の特許技術交流」、「IT分野の人材派遣」、「金型部品への特化」などである。

特定分野に対する専門知識が薄い銀行が行うビジネスマッチングでは、このような「目的特化」型のコーディネートには限界がある。銀行としてはそのようなビジネスマッチングは、彼らに任せておけばよい。そのような組織と提携するという方法もある。

ビジネスマッチングにおいては、銀行にしかできないコーディネート力としての強みがある。それは、「第三者としての中立性」と「豊富な関係資産」である。

企業の経営者が感じている課題は「売上げを増やしたい」、「経費を削減したい」という、目先の利益の獲得を目的とする短期的なものである。しかし、その戦略が、本当の企業の強みを生かしたあるべきものであるかどうかについて、立ち止まって考える余裕はない。

企業経営者としての情報不足による「思い込み」が激しい場合がある。「ノコギリ職人の失敗」という逸話がある。どこよりも、ノコギリ加工の技術を極めた職人が、どこにも負けない品質のノコギリを完成させたときに、市場は電動ノコギリの世界になっていたという話だ。

ビジネスマッチングに参加してくる、「売り手」企業は、相手の課題がどこにあろうとも自分の商売に結びつけるためのセールスを行うだろう。「買い手」企業も、短期的売上げ拡大のために場当たり的な商品の調達先を求めているかもしれない。

このような企業経営者に対して「課題は、別のところにあるのではないか」という会話ができるのが、銀行員である。中立的にフラットな立場から、ときには異なったストーリーでの解決策があるかもしれない。そして、豊富な関係資産から、パートナーを紹介することができる。このようなビジネスマッチングは、「第三者としての中立性」と「豊富な関係資産」を保有している銀行にしかできない。

Finance――企業と金融機関がともに成長を支え合う金融手法

最後に、バリューチェーンファイナンスで定義しているところの「Finance ―企業と金融機関がともに成長を支え合う金融手法」の部分について考えてみる。

ここではバリューチェーンファイナンスを、ビジネスモデルとしてどのように実現していくかについて考える。ビジネスモデルとは「儲かる仕組み」のことを意味するので、顧客と銀行がともに継続的に収益をあげていくということが成り立っていくかについても説明をしていかなくてはいけない。

実際に、多くの銀行の経営理念には、「共存共栄」「地域共存」「互恵関係」という言葉が掲げられている。**自己完結できる企業など存在しない。個人であれ、組織であれ「在りかた」とは、己の立場を超え、相手の立場に立った視点から、そして、出現する未来の視点から現在を眺めることでしか気づくことはできない。**銀行でいえば、顧客である預金者や債務者、または、これを取り巻く地域社会、そして、従業員にとっての銀行とはどうあるべきか、そして、顧客や地域はどのように変わっていき、出現する未来から眺めた場合に現在の銀行はどういう役割を果たしていくべきかという問いを立てることが重要である。そのことでしか、銀行の「在りかた」に気づくことはできない。

これまで、繰り返し述べてきているように、銀行は顧客である企業や生活者の生態系のなかに入り込んで、サービスを提供する役割をもった顧客との互恵関係が極めて強い業態である。しかも、銀行は、金流、物流や人的交流がクラスターを形成する地域のなかに豊富な関係資産を保有している。

バリューチェーンファイナンスとは顧客である企業や生活者に取り囲まれ、相互に長期的に影響を及ぼしあう関係のなかに存在する金融の役割を規定したものである。

それゆえに、顧客と銀行を切り離して、金融機能だけを独立して論ずることはできない。つまり、顧客の成長のなかに、銀行という金融の機能があるという視点で銀行をとらえる。法人であれば、顧客の事業活動の視点から、銀行の「機能」をとらえ、また、個人であれば、生活者の幸福の実現のために、何ができるかという視点から銀行の「機能」をとらえる。

顧客と銀行が一体であるという視点に立てば、「顧客が得をすれば、銀行が損をする」というゼロサムの関係は短期的にしか成立しないということに気がつく。顧客と銀行が一体であるので、長期的には、「顧客が得をすれば、銀行も得をする」または、「顧客が損をすれば、銀行も損をする」というどちらかの状態に収束する。つまり、長期的にはプラスサムか、マイナスサムに落ち着くゲームなのだ。そして、そのゲームの主役は、銀行ではなく顧客の側である。メガバンクのように、マーケットを選択しながら、事業領域をコントロールできるような銀行であれば、この制約を薄める戦略をとることが可能なときもある。実際に、アジアなどの海外部門に収益の柱を振り向け始めている。しかし、地域金融機関のように、地域というマーケットを飛び出さないという選択をした銀行にとっては、受け入れなくてはならない制約である。

地域には競合する金融機関が存在する。しかし、地域のなかで「顧客が損をすれば、銀行が得をする」という関係をベースにした活動は短期的に銀行の収益を押し上げることはできても長期的にシェアを失っていく。「顧客が得をすれば、銀行も得をする」という関係を構築した銀行が地域または、来たる銀行再編のなかで生き残っていくことになる。

コラム

顧客中心経済の潮流

仏教の世界に「自利利他」という言葉がある。比叡山を開いた最澄大師が「自利トハ利他ヲイフ」といったことが由来である。この言葉は、「他人の利益を生む活動を実践すれば、いつかはめぐりめぐって自分の利益になる」というように勘違いされやすいが、必ずしもそうではない。「他人の利益を生む活動の実践、そのものが即、自分の利益（幸せ）になる」という教えである。

組織化された会計事務所に対する情報サービスで圧倒的シェアをもつ、株式会社ＴＫＣはこの「自利利他」

という言葉を創業以来の社是としている。創業者である飯塚毅氏が会計事務所の支援を通じて、中小企業の発展に貢献するという事業活動を支える理念として唱えて以来、同社には「自利利他」の経営姿勢が貫かれている。この、TKCにおける「自利利他」の理念を示すエピソードを一つ紹介しよう。これは、TKCの顧問もされている、産業能率大学経営学部教授の宮田矢八郎氏の著書『禅資本主義のかたち　TKCモデルの研究』(東洋経済新報社、二〇〇八)に紹介されている。

一九九四年頃にTKC全国会(TKCが組織する税理士会員組織)が実施した会合のなかで、税理士が経営助言の活動にどのように関わっていくか、という議論があった。そのなかで、参加者から「税理士は税の専門家であって、経営については知識がなく専門外であり、経営にまでもわれわれは責任を負えない」との意見が複数あがったそうである。しかし、そのとき、当時TKCの会長であった飯塚毅氏は、「あなたは、お客さんの繁栄を望みませんか」という問いかけを行い、みなが納得をした。このことがきっかけとなって「企業発展のための経営助言も税理士の仕事である」としてTKCが経営助言活動へ舵を切っていったということである。

京セラ会長の稲盛和夫氏も、多くの著書のなかで「自利利他」の精神に照らして、事業を行っていることを明かしている。京セラが中国に進出するにあたり、ベースとした信念が地域との共存としての「自利利他」であったことを、日中国交正常化四〇周年の記念メッセージに添えている。ちなみに、TKCも京セラのどちらも、財務的にも継続的収益体質が安定している企業として有名である。

顧客と企業の間にある壁を取り払って、全体最適を考えるというビジネスの思想は昔から存在する。近江商人の教えである、「売り手よし、買い手よし、世間よし」、つまり「三方よし」はよく知られている。

マーケティングの世界で、近江商人が提唱した三方よしに近い考え方を取り込んだ発想も生まれてきている。「アドボカシー・マーケティング」という考え方である。二〇〇六年に刊行されたアメリカ・マサチューセッツ工科大学スローン経営大学院グレン・アーバン教授の著書『アドボカシー・マーケティング　顧客主導の時代に信頼される企業』(英治出版、二〇〇六)によって提唱された考え方である。アドボカシーとは英語で「擁護」「支援」「弁護」の意味である。この考え方では、商品やサービスの提供者は、徹底的に顧客の立場に立って、顧客利益の最大化を支援することを企業の活動基準にする。主導権はあくまで顧客にあるという認識から出発し、企業は顧客への支援を通じて顧客のニーズをつかみ、顧客が最高のサービスを得られるようにする。この考え方では、一時的に企業が損をするということはいとわない。顧客の信頼を得ることで、それを補ってあまりある利益が企業にもたらされるからである。この根底には企業と顧客の双方が信頼による長期的関係をベースに、協力して利益を追求し、顧客とともにそれをシェアするという考えがある。企業と顧客がゼロサムで利益を奪い合うということはない。実際にアドボカシーマーケティングを実践している企業ではキャンペーンや広告宣伝費にかけるコストが確実に削減されるという効果が計測されている。

考えてみれば、二一世紀に入ってからのビジネスの潮流は「顧客を中心に据えた、経済社会の生態系の全体最適を目指すビジネスモデル」のほうに向かっている。先進的な企業は、企業が社会経済の生態系のなかで、自社として企業の役割をとらえ、ステークホルダーに対して自社がどのように最適に貢献していくかという方法論を模索している。そして、それを実現している企業ほど、収益をあげられるようになってきている。斉藤徹氏が提唱している、消費者の声が企業の意思決定に対しても関心をもち始めたという「ソーシャルシフト」はその代表的なものであろう。マーケティングの分野では「アドボカシー・マーケティング」のほかにも、顧客経験価値や顧客信頼をベースとした考え方が、企業側に取り入れられ、プル・プッシュをベースとした売り手発想の行動から変化し始めている。システム開発の分野においても、ユーザー視点からの開発を促す「オープンソース開発」の思想が定着している。

企業の社会的責任を表すCSR（企業の社会的責任　Corporate Social Responsibility）の概念は、CSV（共通価値創造　Creating Shared Value）に発展しようとしている。これを提唱しているのは、バリューチェーンという言葉を生み出したマイケル・ポーターである。CSVとは「社会のニーズや問題に取り組むことで社会的価値を創造し、その結果、自社の経済的価値が創造されるというアプローチ」ということである。つまり、これは経済的価値と社会的価値は別物ではなく同時に（共通に）実現するものというとらえ方である。

CSVは、企業は事業を営む地域社会の経済や社会条件を改善に貢献することが、自らの競争力を高めるものとして定義されている。

◇バリューチェーンファイナンスは、金融のビジネスモデルをどのように変えていくのか

バリューチェーンファイナンスと信用リスク管理

銀行には、預金者からお預かりした預金を安全に運用するという責務があり、そのため信用リスク管理という重要な業務がある。銀行は、これらの取引先全体をとらえて、信用リスク管理業務の最適に実施しなくてはならない。ここでは、信用リスク管理という業務をバリューチェーンファイナンスとの関係のなかでとらえてみたい。

銀行が行うべき信用リスク管理の役割として重要とされているのは、大きくいえば次の二つである。

- 顧客の個別の信用リスクを見極めること
- 見極められた信用リスクの組合せにより、全体としてリスクの分散を図ること

金融業界における、信用リスク管理の技術は、上記の二つの目的を高度化するために、特に近年大きな進化を

みせている。運用・調達の資産構成の適性を図るALMや、財務データなどから企業の倒産予測を行う財務スコアリングモデル、シミュレーションの技術、様々な運用調達資産の組合せによる統合リスク管理などである。「金融検査マニュアル」によると「信用リスク管理」とは、「信用供与先の財務状況の悪化等により、資産の価値が減少ないし消失して損失を被るリスクをコントロールすることである」と定義されている。ここからは「顧客から、銀行が受ける迷惑を最低限に抑えたい」というニュアンスが読み取れる。

信用リスク管理の分野においてはモデルの開発などのテクノロジーの進化には目覚ましいものがあるが、そのほとんどは、外部環境、つまり顧客の情報は変えることができない「所与の状態のもの」として扱っている。つまり、銀行の行動自体が顧客に与える影響を捨象し、かつ得られる情報を財務情報などに特定したなかでの、リスク情報の計量化を行う。これは、科学者が行う実験室でのシミュレーションに近い。

しかし、実際には、銀行は顧客に影響を与えられる存在であると同時に、顧客に影響を与える存在である。そして、その顧客に対して与えた影響が、因果応報として銀行自身に返ってくる。本書で繰り返し述べているように、銀行は生態系を構成する部分であるからである。

近年多くの銀行が使用するようになった財務スコアリングモデルは、顧客の財務情報などを所与のものとしてインプットし、過去の倒産実績データとの関係性を計算して、顧客の債務不履行となる確率を算出するものである。しかし銀行は、企業の将来の財務状態を変化させる要素としての経営の意思決定にも影響を与えている。銀行が融資をしたり、逆に融資を引き上げたりすることによって企業の投資行動が影響を受けるからだ。その銀行の意思決定には財務スコアリングモデルが利用されている。銀行の行動と顧客の信用状態が相互に影響を与えあっている関係であり、どちらが鶏か卵かというような論理矛盾があることに気が付くだろう。

つまり、財務スコアリングモデルは、銀行が相手に影響を与える状態を考慮しないという前提でつくられているものだ。そして、その結果が、格付や債務者区分に反映されることで信用リスク管理の中核的役割を担っている。

また、銀行の信用リスク管理にストレステストという手法がある。ストレステストは、マーケットでの不測の事態が生じた場合に備えて、ポートフォリオの損失の程度や損失の回避策をあらかじめシミュレーションしておくリスク管理手法のことである。しかし、ここでも銀行は、マーケットの変化を生み出している当事者でもある。ストレステストによるリスク管理方針の結果、もし、銀行が特定の業種からの運用方針を変更した場合は、その影響そのものが顧客の行動に影響を与え、シミュレーションの設定要件を変えていくことになる。つまり、ストレステストという手法も、銀行自身がマーケットに影響を与える状態を考慮していない前提でつくられている。

リスク管理で用いられている統計手法の多くは、説明変数（デフォルトなどの事象を説明するための元データ）を所与のものとしてとらえ、目的に対する影響をデータの分布をもとに分析している。これを、集合での統計値が示すガウス分布に基づくガウシアン統計とよんでいる。この統計手法は、顧客と銀行が相互に影響を与え合う分析には長けていない。まして、バリューチェーンファイナンスのように顧客と銀行を一体で見て、そのなかから銀行に対するリスクの影響を測定することは困難である。

また、ガウシアン統計には「平均的な傾向」によってリスクをとらえるというところに、一つの限界がある。個社の信用リスクと、平均的傾向としての信用リスクの振る舞いは、必ずしも一致しない場合が多い。

一つ、例をあげよう。手許現預金の保有残高が少ない会社は資金繰りが苦しい状態を反映しているとして、一般的には信用リスクが高いとされている。しかし預金は、そのままもっていてもなんら価値を生まないため、運用管理が行き届いている企業では、キャッシュマネジメントシステムのような管理体系を導入し、徹底的に手許の預金を少なくする管理を行っている場合もある。しかし、このような会社は少ないため、統計情報として扱うとこれが、「預金残高が少ない企業は、信用リスクが高い」という判断がなされる。このようなデータは一般的傾向から外れたところに位置するため「外れ値」という扱いになる。しかし「平均的な傾向をとらえること」をベースにしたリスク管理では、やはり、手許現預金の保有残高が少ないという企業は、信用リスクが高いという判定をしてしまうことは避けられない。たとえば、財務スコアリングモデルによって、手許現預金の保有残高が少ない企業の格付が引き下げられ、その優良であったかもしれない企業に資金が回りにくい基準が築かれたとすると、信用リスク管理のために実施した行動が、銀行と企業の成長機会を逃すということが発生しうる。

しかし銀行では、それでもそういう企業は少ないので、全体として銀行の業務を効率的に実施していくためにはやむをえないことだ、という判断がされる。

情報には、「個の情報」とその集合としての「統計情報」という側面がある。たとえば、事業金融でいえば、個の情報とは個社の財務情報であり、統計情報はそれを集合したものに分析を加えたものである。集合としての「統計情報」は、銀行全体のリスクに影響を及ぼすものであるから、銀行が信用リスク管理として関心を寄せなくてはいけない。

しかし、統計情報は、個の情報の集合でもある。信用リスク管理の役割の一つである「顧客の個別の信用リスクを見極めること」という視点に立てば、起点は個の情報の側にある。つまり、集合としての統計情報から個の統計情報をとらえるのではなく、個の情報を起点に据えて、全体としての統計情報を活用するという逆の思考が必要となる。

プロ野球にたとえてみよう。プロ野球のチームとしての成績を示す統計情報には、チーム打率、長打率、ホームラン数、防御率、完封率などがある。この指標は、チームの最終目標である、勝率を高めていくための重要な管理指標となる。しかし、このデータはプレーヤーである、選手一人ひとりの、プレーによる結果が有機的に組み合わさってできあがったものである。昨シーズンの実績を見て打率の高い選手を集めれば、そのままチームの平均打率があがるわけではない。チームとしての成績をあげるには、最終的には選手一人ひとりのプレーのパフォーマンスをあげることによってしか実現できない。選手一人ひとりが求めているものは、統計情報を活用した情報によって、自分という個人がどういうプレーすればよいかという助言である。選手は自分の実績としての、打率、長打率などの指標に加え、「右打ちである」、「故障歴がある」、「プレッシャーには動じない」というような特徴をとらえて、全体の統計情報と照らし合わせて、自分のプレースタイルを決めていく。そして、そのことがチームの勝利に貢献する。その選手個人が何をすればよいかという選手への影響を考えて統計情報が個人に提供される。

企業は銀行のために事業をしているわけではないが、「個の情報」と「統計情報」という関係においては、同じことがいえる。最終的に、銀行の資産の質を決定しているのは、企業一社一社のパフォーマンスであり、個社のビジネスモデルを起点に、その企業に対してどういう個別の信用リスクを見極めることができるかという判断が求められる。

しかし、銀行の信用リスク管理においては、「個の情報」を重視するということを行わない。その理由は、「一社一社の信用リスクを個別に判断するのは非効率であるから」である。だとすれば、なぜ多くの銀行は格付や自己査定の業務において、あれだけの時間と労力をかけているのだろうか。**「個の情報」を重視しない本質的理由は、「顧客に影響を与える存在である」ということを、銀行が意識していないからである。**「統計情報」は全体として、銀行が損失を被るリスクに関する情報を提供してくれる。信用リスク管理の目的の一つである「見極められた信用リスクの組合せにより、全体としてリスクの分散を図ること」とした場合、「統計情報」は大口先への与信集中や、業種別のポートフォリオ、貸出期間等をコントロールするという視点では有効であろう。しかし、「顧客の個別の信用リスクを見極めること」という信用リスク管理のもう一つの目的を考えた場合、顧客に影響を与える立場としての銀行が、個社のビジネスモデルを見極め、助言するために、「個の情報」と「統計情報」を複合して活用するという視点が見えてくる。

私は、バリューチェーンファイナンスは信用リスク管理においても有効なものであると考えている。むしろ信用リスク管理の中心概念は、バリューチェーンファイナンスによって補完されるべきであると考えている。銀行は、企業の視点に立って「銀行に債務不履行で迷惑をかけないようにするには、銀行がどういう行動をとるべきか」ということを意識した、信用リスク管理のためのコミュニケーションを行うべきである。また、地域のバリューチェーンや産業クラスターの中心にいる銀行の振る舞いが、どのように地域から影響を受け、どのように地域に影響を与えるかについて相互の関係をトータルで考える必要がある。金融検査マニュアルに記載されている信用リスクのもう一つの側面としての定義を補完しよう。

信用リスク管理とは、金融機関の行動に起因しての信用供与先の財務状況の悪化等により、資産の価値が変化して、顧客と金融機関に損失を与えるリスクをコントロールすることでもある

信用格付と与信方針を区分して考える

これまでバリューチェーンファイナンスでは「顧客に与える影響」を管理する業務が必要であるという説明を行ってきている。「顧客に与える影響」を管理する業務とは顧客に対しての取引方針を立てるということである。

ここでは、取引方針のなかでも銀行が顧客に対して決定する与信方針について触れたいと思う。与信方針とは、銀行の顧客に対する信用供与の方針のことである。具体的には「貸出を売り込むか」、「回収に動くか」の判断基準のことである。

ここでテーマにしたい「問い」は「銀行は信用格付によって与信方針を決めるべきか」ということである。

銀行が顧客の信用ランクを標記するにあたり、「信用格付」と「債務者区分」という二種類のランクを決めている（しかし、あらためて考えても「信用格付」も「債務者区分」も顧客視点で考えると、とても不自然な言葉である）。

信用格付とは、債務者の決算書等の情報に基づいて、信用リスクの程度に応じて一〇～一六段階程度の独自のランクづけを行っているものである。信用格付の決定方法は銀行によって多少異なるが、先に示した、財務スコアリングモデルからはじかれたスコアに応じて段階的に決定する方法が一般的だ。信用格付は、金融機関全体のトータルなリスク管理の指標として用いられるほか、与信方針や金利の決定などに用いられる。

債務者区分は金融検査マニュアルで決められている、債務者に対する信用ランクである。基本的にこのルールは金融検査マニュアルによって定められている。こちらも債務者のその信用状態等により債務者を「正常先」、「要注意先」、「破綻懸念先」、「実質破綻先」及び「破綻先」に区分することになっている。この判定基準をもとに、銀行は自己査定という銀行としての決算を行うための資産査定を行う。

銀行法では、このうちの「要注意先」のうち、三か月以上延滞または貸出条件を緩和している債務者（「要管理先」という）と、「破綻懸念先」、「実質破綻先」及び「破綻先」を不良債権と呼んでいる。金融検査マニュアルにおいては、「格付と債務者区分は整合していなければいけない」というルールがあり、通常は、信用格付の上位何ランクまでを正常先、その下の何ランクまでを要注意先というように対応させている。

銀行にとっては「信用格付」は顧客に対する「与信方針」を決定する重要な要素となっている。信用格付が高い企業、つまり信用状態のよい企業に対しては、融資を積極的に推進し、信用格付が低い企業に対しては、新規の融資は手控え、貸してしまった企業からは回収に動けというのが銀行の一般的な行動基準であり、本部からの一般的な指示である。

しかし、実態はそんなに単純なものではない。現場では信用格付と与信方針が一致しないことが、どの銀行においても起きている。財務スコアリングなどで決定された信用格付が低いにもかかわらず、融資案件を取り上げたいという行動、または、正常先であるにもかかわらず、融資を躊躇する、ということが発生する。つまり、信用格付と与信方針が一致していない状態である。なぜ、このようなことが起きるのであろうか。

一つ目の要因は、前の節で触れた、個のデータと全体としての統計データの不整合である。銀行の営業店の渉外マンには「信用格付」を信用していない場合があるからである。「信用格付」とは、その企業の信用状態を表しているのではなく、与えられた過去の情報のみでそのような状態を机上で再現した、バーチャル（仮想現実）な指標に過ぎない。つまり、「信用格付」は個社のリアルな信用状態を表しているものではない。だから、信用格付で信用度が低いからといっても、現場の実感に合わず、与信方針を積極的に振り向けようとする動きは存在する。

もう一つの要因は、「与信方針」を決定する要素が「信用格付」以外にも存在しているからである。それは、企業の成長に対する将来性の評価と、そこに関わりあって支援していくという顧客と銀行の「信頼関係」という要素である。これが、第一章のソーシャルファイナンスでも触れたような、「応援したい気持ち」という形で言い換えられることもある。「信頼関係」や「応援したい気持ち」という、定性的な表現が好きでない方もいるかもしれない。これをリスク管理でも用いられる用語で示せば、マチュリティー（Maturity　取引期間）という概念になる。つまり、成長が見込まれる企業、社会貢献度が高い企業には、銀行としては長い取引を希望するという意思が働く。顧客と銀行の関係においては、その場限りの短期的な取引と、長く付き合っていきたいという企業との取引では、マチュリティーの長さが異なる。下世話なたとえであるが、交際相手に対して、「結婚したい」と思うか、「とりあえず、付き合っておくか」と思うか、の交際方針の違いというふうに説明すれば理解できるだろうか。

マチュリティーを決定する要素には、企業の成長予測など計量化しにくい定性的な部分が含まれるため、モデル化が困難なものである。バリューチェーンファイナンスの考え方では、長期的な互恵関係を前提とした取引関係が前提となるので、取引期間は当然に長いものとなっていく。

したがって、基本的に一年以内の債務不履行の状態を予測しようとする、企業の短期的な信用リスクの度合いを表す信用格付や債務者区分と、数年以上または、企業との関係を前提としていく与信方針は区分して考えるべきである。

多くの銀行がリレーションシップバンキングの機能が果たせなくなった要因には、「信用格付」と「与信方針」の運用を混同してしまったことがある。「信用格付」と「与信方針」は決してイコールではない。「信用格付」は

図表1－11　格付と成長性評価の組合せによる取引方針の決定イメージ

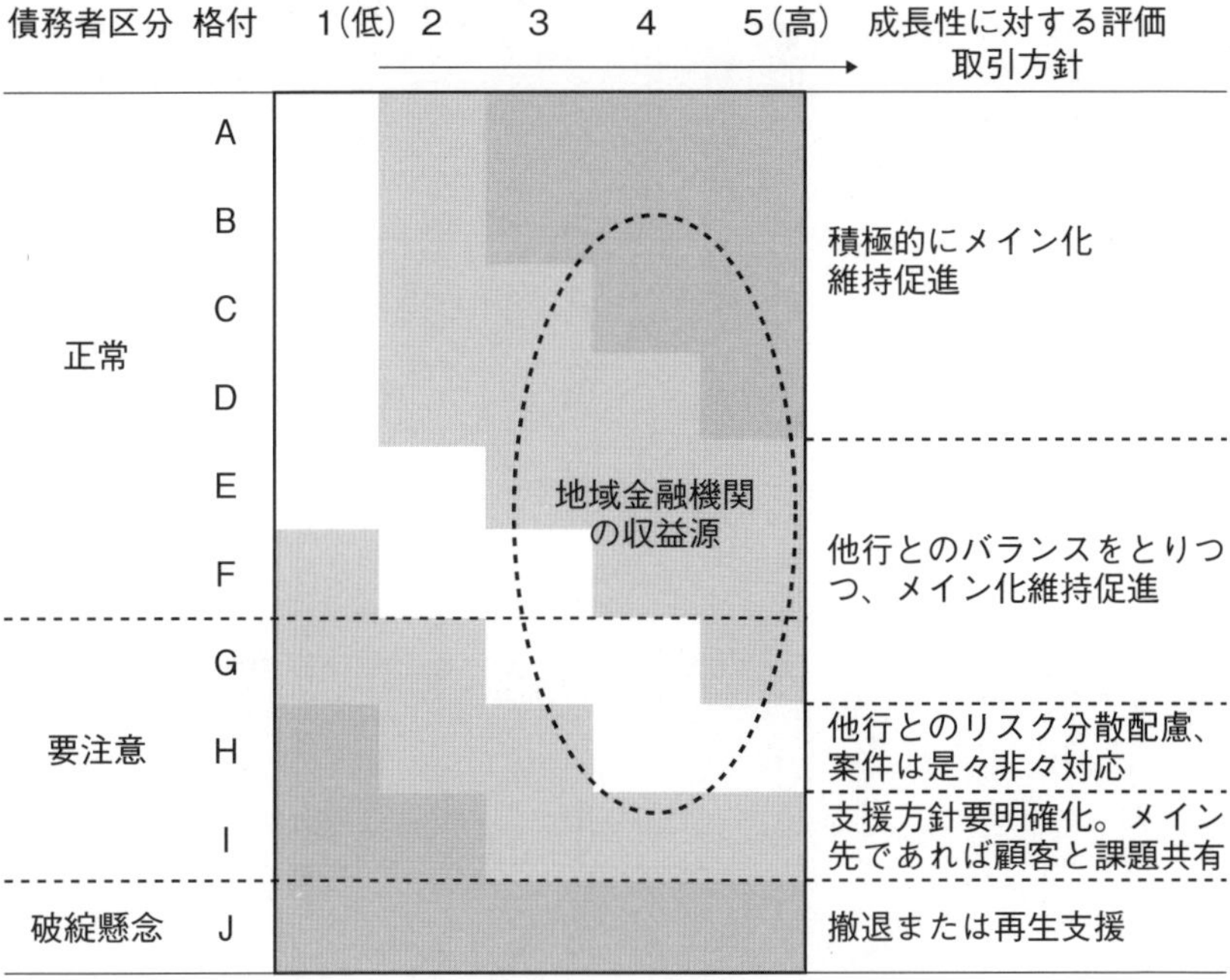

「与信方針」を決定する判断材料の一つにすぎない。

ある銀行で実際に行っている「与信方針」を決定する方式のサンプルを紹介しよう。図表1－11を見てほしい。なお、実際の事例そのものとは、多少表現を修正している。

この運用では、信用格付というタテ軸と、企業の将来性を評価するというヨコ軸をもっており、その組合せによって、「与信方針」を決定している。この運用では、要注意先に対しても、メイン化を推進し、正常先であっても消極対応を検討するケースもある。

この運用では、「信用格付」と「与信方針」が一致しないところほど、その銀行にとっての収益の源泉となる。それは、競合の銀行にはなく、その銀行しかもっていない顧客との将来性評価と信頼関係によって、差別的対応が可能となり、その銀行にとっての長期取引をもたらすからである。

「信用格付」と「与信方針」の混同による弊害と同じ現象が、「債務者区分」と「与信方針」を混同してしまった、当局の政策にも表れている。その象徴が金融検査マニュアルで規定された「債務者区分」の運用である。

銀行の内部の決算処理としての「不良債権」の認定基準と、個別顧客への「与信方針」は必ずしも一致させる必要はなかった。一年や半年を基準とする決算方針と、銀行と顧客との長期的な関係を表すマチュリティー（取引期間）の概念を含む与信方針では時間軸がずれている。

当局にその意図があったかどうかはともかく、債務者区分や不良債権の認定がそのまま「取引の縮小や整理」という「与信方針」を決定するという運用が定着してしまっている。

二〇〇二年に債務者区分が、経営資源の乏しい、中小企業にとって厳しくならないようにと、金融検査マニュアル「中小企業編」が制定されたのも、「要注意先」以下の中小企業に対して「与信方針」を厳しくしないようとした緩和措置の位置づけがあった。

政策的にも、銀行が中小企業に対して、柔軟に対応すべきことは「与信方針」であり、「債務者区分」ではなかったはずであるが、これ以降、債務者区分の決定ルールである「金融検査マニュアル」は、次々と塗り替えられ、不自然なルールがつくられていく。

その象徴が、第一章でも触れた「実抜計画」である。二〇〇八年には中小企業向け融資の貸出条件緩和が円滑に行われるための措置として「不良債権」の認定を回避するためには、実抜計画を作成すればよいというルールが定められた。それ以降も二〇〇九年の中小企業金融円滑化法後の制定や、その停止にからめて、また、その作成基準を緩めたり締めたりという、ルール解釈の変更を繰り返している。「実抜計画」の運用が、銀行員を忙しくする効果はあったが、中小企業の経営改善には、期待するほどの効果をもたらしていないことは、第一章で示している。そのために犠牲になるのは、最終的には顧客である。

銀行が中小企業支援を行うべきという政策は、銀行の社会的責務を果たすためのものであるが、そこで柔軟に運用されるべきことは、「与信方針」であり、「債務者区分」の決定ルールではない。また、「債務者区分」や資産査定のルールを変更することと、企業側の事業の実態とは全く別のものである。中小企業金融円滑化法の終了を控えて、資産査定の影響をにらんで「出口戦略」という言葉が二〇一二年によく使われた時期があった。このことをよく理解しているある金融機関の幹部が、あるとき「われわれには入口も出口もない」と私に語ってくれたことがとても印象に残っている。

信用格付や債務者区分を決定する業務は銀行においてコアなものになってきている。それゆえに、その業務を銀行内部だけではなく顧客との関係のなかで、どのように位置づけていくかはバリューチェーンファイナンスを実現するうえで重要な課題となってくる。

バリューチェーンファイナンスが実現するビジネスモデル

議論をバリューチェーンファイナンスに戻そう。ここでは、バリューチェーンファイナンスによってどのようなビジネスモデルを構築することができるかについて考える。ビジネスモデルとは継続的に収益をあげていくしくみのことである。

バリューチェーンファイナンスの収益への影響を検証するために、中小企業の貸出形態を四つに類型化してみた（図表1－12）。

「担保・保証型融資」「財務情報評価型融資」は従来の、中小企業向け貸出の典型的な銀行のビジネスモデルであるといえる。最近では、担保や保証に依存した融資が、悪いものであるかのように表現されることもあるが、必ずしもそうではない。銀行が回収の安全性を確保しつつ、迅速に中小企業向けの融資を行えるビジネスモデルとして一定の機能を果たしてきたことは認識すべきである。しかし、「担保・保証型融資」には保証や担保依存であるがゆえに、現場で融資を行う銀行の与信判断という責任が放棄される傾向がある。中小企業に対して、信用保証協会付きで長期資金を融資した場合、銀行と企業経営者とのコミュニケーションが希薄となるため、返済後に取引が復活しないという現象も現場では起きているようである。つまり信用保証協会付融資のみで取引している企業への貸出残高が減少しているのである。リスク回避をしようとした銀行自身の行為自体が、顧客の離反を招くという皮肉な結果である。

「財務情報評価型融資」も従来行ってきた中小企業向けの事業融資を支えてきた形態である。物的担保と比較して「決算書担保主義」という言葉があるぐらい、正確な決算や、随時での資金繰り表や試算表を通したコミュニケーションとモニタリングを行うことで、案件審査や企業審査による信用リスク管理を強化することは実現できる。しかし、財務情報は過去の結果の情報に過ぎず、長期的な与信方針の策定を行う場合には、財務情報だけでは不足することを理解しておく必要がある。

また、他の銀行との競合を考える場合、財務情報のみのコミュニケーションでは情報の質量に差異はなく、金利競争や条件競争に陥りやすい。

二〇〇〇年代に入り、銀行の経費削減の要請があるなか、金融工学技術の発展でより効率的な収益モデルとし

図表１－12　中小企業貸出形態の類型

	類型	ビジネスモデル	メリット	デメリット	特徴
トランザクショナル ↑ 従来型のモデル ↓ リレーショナル	スコアリングモデル型融資	個別企業デフォルトによる非期待損失をポートフォリオ全体のリスクプレミアム収益でカバー	低コストでの定型化した運営が可能	一定規模の確保による効率的運営が必要 借り手による逆選別が発生する 「目利き力」の低下を促進	効率優先の失敗
	担保・保証型融資	不動産等の担保 信用保証協会や民間保証会社に依存 キャッシュフローよりも、担保資産の売却あるいは保証機関からの代位弁済に期待	クレジットコストが低い	借り手の資産状況から市場が制約 「目利き力」の低下を促進	人のふんどしの限界
	財務情報評価型融資	資金使途や返済財源など人的財務分析作業により回収リスクを評価 銀行における伝統的貸出審査スタイル	多くの銀行においては、伝統的にノウハウや経験が蓄積されている	競合が激しく金利競争になりやすい	伝統的銀行審査
	バリューチェーンファイナンス (経営情報＝財務情報＋定性情報)	企業の将来キャッシュフローのベースとなる経営資源を評価 債務者への経営へのコミット 知的資産情報を定期的にモニタリングし、顧客のライフサイクル全体で収益を確保	顧客経営へのコミットによるビジネスチャンスの拡大 地域経済の成長モデルとの整合 経営のマネジメントリスクが把握できる	人材育成と、情報の共有体制の構築にコストがかかる 短期収益の確保と矛盾する場合あり	ともに関わりあう

ての「スコアリングモデル型融資」が発展した。一時「担保・保証に依存しない融資」として着目され、スモールビジネスローンなどの形態の取組みが流行した時期があった。しかし、その後、財務スコアリング結果の数値だけを過信した運用が問題視され今日では、あまり取りざたされることは少なくなった。

最後に、従来の手法を乗り越えて、より顧客との関係性を重視した手法として、本書で提言しているのがバリューチェーンファイナンスである。

バリューチェーンファイナンスが銀行のビジネスモデルとしてどのように成立していくかを見ていこう。

銀行の事業金融での収益を生み出す構造を、五つの要素に分解してみた。これは、業務の基準ではなく、顧客を基準に長期的な関係からどのように収益が獲得できるかを考えたものである。これらを「利益を構成する五つの要素」と呼ぶことにする。

1. 資金利益……貸付利息などの資金運用益から、預金利息など資金調達費用を差し引いたもの
2. デフォルト損失（引当分含む）……債務者の破綻による利払いや元本の支払不履行分
3. 保全回収……デフォルト発生時の保全による回収分
4. 営業経費……人件費、物件費、システム関連費用等
5. 役務益……為替手数料等の非金利収入

これら「利益を構成する五つの要素」は、相互に有機的な相関関係をもっているといえる。ある収益の構成要素に対して個別に極大化（資金利益、保全回収・役務益）・極小化（デフォルト損失・営業経費）の政策を実施した

図表1－13 「利益を構成する五つの要素」

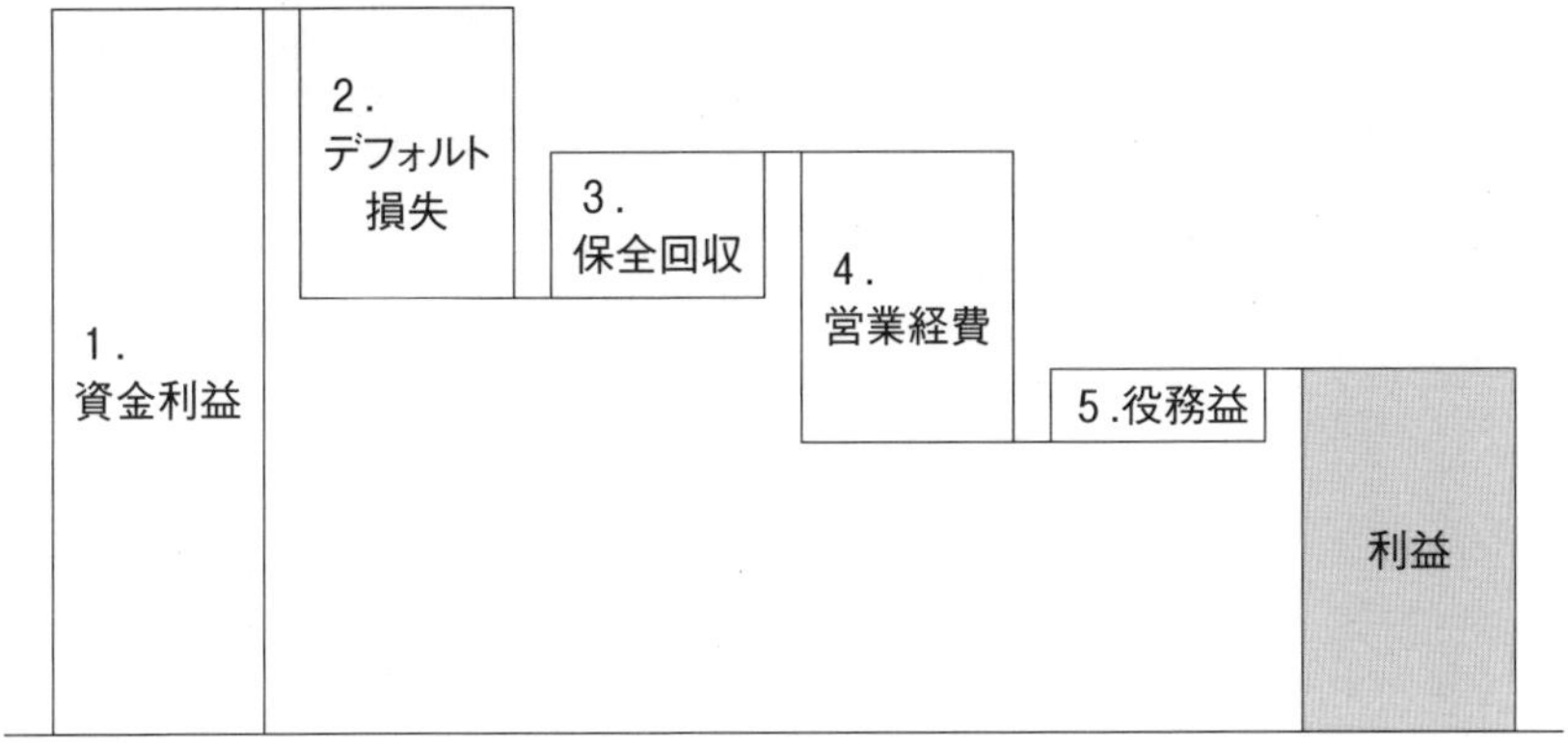

としても、別の構成要素にマイナスの影響を与えてしまい、全体として見た場合、最終の収益のバランスが崩れてしまうということがある。

たとえば、「営業店への人員シフトにより、営業経費は削減したが、本部の支援機能が低下し逆に顧客の離反が発生して資金利益が減少した」「信用リスク管理を強化しようとモニタリングを強化したが、営業の時間が犠牲となって貸出が伸び悩んで資金利益が減少した」というケースが想定される。

また、この「利益を構成する五つの要素」のうち二つは、顧客の側の損益計算書の裏返しであるという視点が必要である。つまり、「資金利益」は、顧客が行う事業に対して、金融仲介という機能を果たしたことの分け前として銀行に「金利」として支払われる。「役務益」は、顧客が行う事業を支援する決済機能や情報の提供に対して「手数料」として支払われる。

つまり、顧客は自分事業に与える貢献に対して支払ってもよいと思われる範囲で「金利」や「手数料」を支払う。顧客の事業から生み出した価値に対して銀行が貢献した分だけがシェアされると考えればわかりやすい。

つまり、**銀行側のなかにいて、商品や業務の基準で考えて、収益の極大化をどれだけ考えていても限界があるということである。**

顧客の側の視点で考えて、「利益を構成する五つの要素」が描く形を長期的な視点で考えていくことが、銀行が長期的にとるべき経営戦略である。

「利益を構成する五つの要素」に対して、バリューチェーンファイナンスが、銀行にとってどのような効果をもたらすかを表したのが図表1－14である。

こうしてみると、政策が適正に実施されれば、銀行の「利益を構成する五つの要素」のすべてに影響して収益を拡大させる方向に働かせることができるといえる。このなかで、**何よりも大きいことは、「顧客の信頼」による成長する企業との長期的な取引の継続である。**

バリューチェーンファイナンスに基づくビジネスモデルを構築するには銀行の長期的な事業戦略が不可欠となる。人材育成への投資や、ビジネスパートナーへの支払い、情報システム投資などのコストが発生することもある。ビジネスモデル転換の結果が出るまでは、一時的にコストが拡大することも考えられる。この時間は、銀行経営としても長期的視点に立った覚悟が必要となる期間である。

よく、銀行員からは銀行の商品である「お金」は無味無臭であり差別化ができるものではない、または、どれだけ、親身になって、相談にのってあげても結局金利の低いところから企業は資金を調達する、というあきらめにも似た発言を聞く。

しかし、その状態は、顧客に「金利」や「手数料」を支払ってもよいと思わせるだけのサービスを行っていないと考えられないか。アドバイスだけを聞いて他の銀行から借入れを行うということは、次回はそのアドバイス

図表１－14　バリューチェーンファイナンスがもたらす利益への影響

利益を構成する五つの要素	効　果
1．資金利益	顧客信頼としての地域マーケットの拡大 顧客の信頼としての顧客内シェアの拡大 事業・経営課題の把握による資金提供機会の拡大 非価格（金利）競争の優位性 平均取引期間の長期化
2．デフォルト損失（引当分含む）	信用格付の精度の向上 経営支援による格付のランクアップ 取引方針管理強化による、不良債権化する貸出の防止 モニタリングの有効化による早期対応 サドンデス（認識していない突然の倒産）の防止
3．保全回収	担保処分タイミングの適正把握 顧客信頼による回収優先度の向上
4．営業経費	審査や分析のためのエージェンシーコストの削減 平均取引期間の長期化による取引維持・開拓コストの削減 顧客信頼によるキャンペーンコストの減少 新規顧客開拓、シェアアップの営業コストの削減 意思決定のスピードアップ 顧客中心業務設計による業務の効率化
5．役務益	ビジネスマッチングの活用 多面化取引の進展 従業員取引の拡大 M＆A、コンサルティング等の付随業務の拡大

を期待していないということである。

つまるところ、**銀行が獲得できる収益は、顧客の利益に対して銀行がどれだけ貢献したかによって決定される。**より具体的にいえば、ある銀行と取引している場合と、していない場合の、企業の損益計算書の利益の差額、それこそがその銀行が企業に提供している価値である。それは、提供される情報やアドバイスによる経営の意思決定の変化への影響、資金提供の条件やタイミング、資金提供の可否（借りないことのほうが、事業にとってプラスの場合もある）、紹介してくれる取引先や支援者の違いなどを総合したものである。

一億円の借入れがある中小企業が支払う金利を一％引き上げられた場合増加する費用は一〇〇万円である。一般的な中小企業診断士が、月に数回程度の訪問をする場合、顧問契約料は年間一〇〇万円程度である。銀行と中小企業診断士の原価構造が異なるが、顧客である企業にとってはあまり関係のない話である。銀行員である読者はこの一〇〇万円という金額を大きいと感じただろうか、小さいと感じただろうか。ある企業に対して、毎月二～三度は訪問し情報の提供や、迅速な資金対応のサービスによって損益計算書に対して一〇〇万円以上の効果をもたらしているという自負があるのであれば、その取引金利の引上げを堂々とお願いできるはずである。

顧客にとって、取引銀行による収益への違いが最も顕著に表れるのが、企業再生の局面である。企業が安定しているときは取引銀行によって価値の違いは生まれにくい。

しかし、企業が業績不振の状態に陥り、再生が必要な局面になったときの債権者である銀行との交渉は、きれいごとではすまない。それまでの、顧客との関係の深さ、事業や経営とのかかわりの違いがそのときに表出する。

中小企業金融円滑化法の終了によって、メインバンクが再生スキームを主導できないというケースが増えてきている。いよいよ、企業の破綻処理や再生のスキームを描く段になると、メインバンクが急に身動きがとれなくなり再生のスキーム策定が進まない、という現象である。メインバンクが他の債権者や取引金融機関との調整、事業の仕訳、再生スキームの策定などができないのである。それは、担当者の経験不足や、これまでの企業経営者との関係の薄さに起因している。むしろ関係が深かった、融資残高では二番手、三番手の取引銀行が、再生スキームを主導するときもあるという。このとき、顧客である企業経営者は、金利条件や看板だけをよりどころに取引していたメインバンクに対して、やるせない思いになるに違いない。

東日本大震災で被災し、二重ローンを抱えた企業への再生スキームの策定においても、取引金融機関によって、債務者への対応が異なっているという話は多く耳にする。

このように、企業と銀行が行き過ぎた関係になることは、デット、つまり間接金融としての銀行の役割を超えており、エクイティである直接金融として果たすべきであるという主張が必ずある。銀行によって、資本性の資金が供給される体制が整備されていくべきことは望ましいことである。実際に中小企業金融円滑化法の終了を契機に、地域ファンドの設立が相次ぎ、資本性の資金を中小企業にも供給する動きが活性化してきている。また、金融庁は銀行による事業会社への最大五％の出資制限を緩和する方向で法改正の準備が進められている。

しかし、全体として、その恩恵を受ける中小企業はごくわずかである。これまでの歴史を振り返っても、企業の成長に対して日本の間接金融が果たしている役割は大きかった。戦後のホンダや松下などの事例を見るまでもなく、今日の日本を代表する企業の多くは、中小企業であったときに間接金融の役割を経て発展を果たしてきた。

指摘されるべきことは、顧客である企業の事業環境とビジネスモデルが劇的に変化しているにもかかわらず、銀行側の間接金融の機能が依然として、成長経済期の意思決定モデルから変化を遂げていないことである。グローバル経済の進展や、人口減少などの構造的変化のなかで、顧客である中小企業はビジネスモデルを変化させようともがいている。その生態系のなかにいる銀行という金融機能を転換させるタイミングに差しかかっている。

貸出金の回収が前提となる間接金融に対してやみくもに「多くリスクをとる」ことを求めているわけではない。間接金融の機能を、顧客と一体化した生態系のなかのビジネスモデルとして築くべきであるというのが本書での主張である。

この時に必要となるのが、銀行の業務を顧客の課題解決を実現する手段・機能として顧客が喜んで取引したいプロセスに組み換えていくことである。

本書ではこれを「顧客中心業務設計」というよび方とする。

これまでの銀行の業務設計はどちらかというと「効率化」「管理強化」を主眼としたものであった。しかし、その業務設計をつきつめていっても、収益が改善していかないという壁に多くの金融機関が直面している。業務設計が顧客が期待するサービスに最適化されていないことがその原因である。

「顧客中心業務設計」とはバリューチェーンファイナンスのチェーンとなって金融機能が顧客とつながる業務の形態へと再構築しようとするものである。「顧客中心業務設計」については第六章で詳しい説明を行う。

地域のネットワークという代替がきかない関係資産を有し、中立的位置から企業を支援することができるのは、銀行をおいてほかにはない。その銀行がもつポテンシャルと、現実の運用実態のギャップを埋めることに対する期待を私は強くもっている。

◇バリューチェーンファイナンスを実践している金融機関

さて、ここまで書いてくると、読者のなかには「理想と現実は違う」、「そんなことは、きれいごとである」という意見がありそうである。「理想はわかったが、具体的にはどうすればよいのか」という意見も聞こえてきそうである。そこでバリューチェーンファイナンスともいえる取り組みを実践している金融機関の事例をいくつか紹介しよう。

第四銀行の事例

新潟県を地盤とする地方銀行の第四銀行（貸出残高二兆六八一〇億円、二〇一三年三月）は、「コンサルティング営業の実践」を銀行の基本方針に掲げた活動を展開している。同行は、「コンサルティングとはお客様の役に立つ活動」であり「お客様のＷＩＮ」につながるものであると定義している。この活動が継続的に行われることで、「地域のＷＩＮ」へと発展し、その結果として第四銀行への付随する取引が拡大し、銀行の収益とつながるという理念が貫かれている。まさに自利利他ともいえるような活動である。このような方針を掲げている金融機関はいくつか存在するが、それが実際の行動としてどのように反映されているかがポイントとなる。

第四銀行では、取引先へのコンサルティング活動を行う前提として、主要な取引先に対して、「ビジネスモデル図」という、取引先のバリューチェーン、つまり、仕入先や販売先、商品や事業の強み・弱みを把握できるような図表を丁寧に作成している。これをベースに顧客の事業の実態把握を行うことで、顧客ごとにきめの細かい

図表１－15　第四銀行が作成している「ビジネスモデル図」

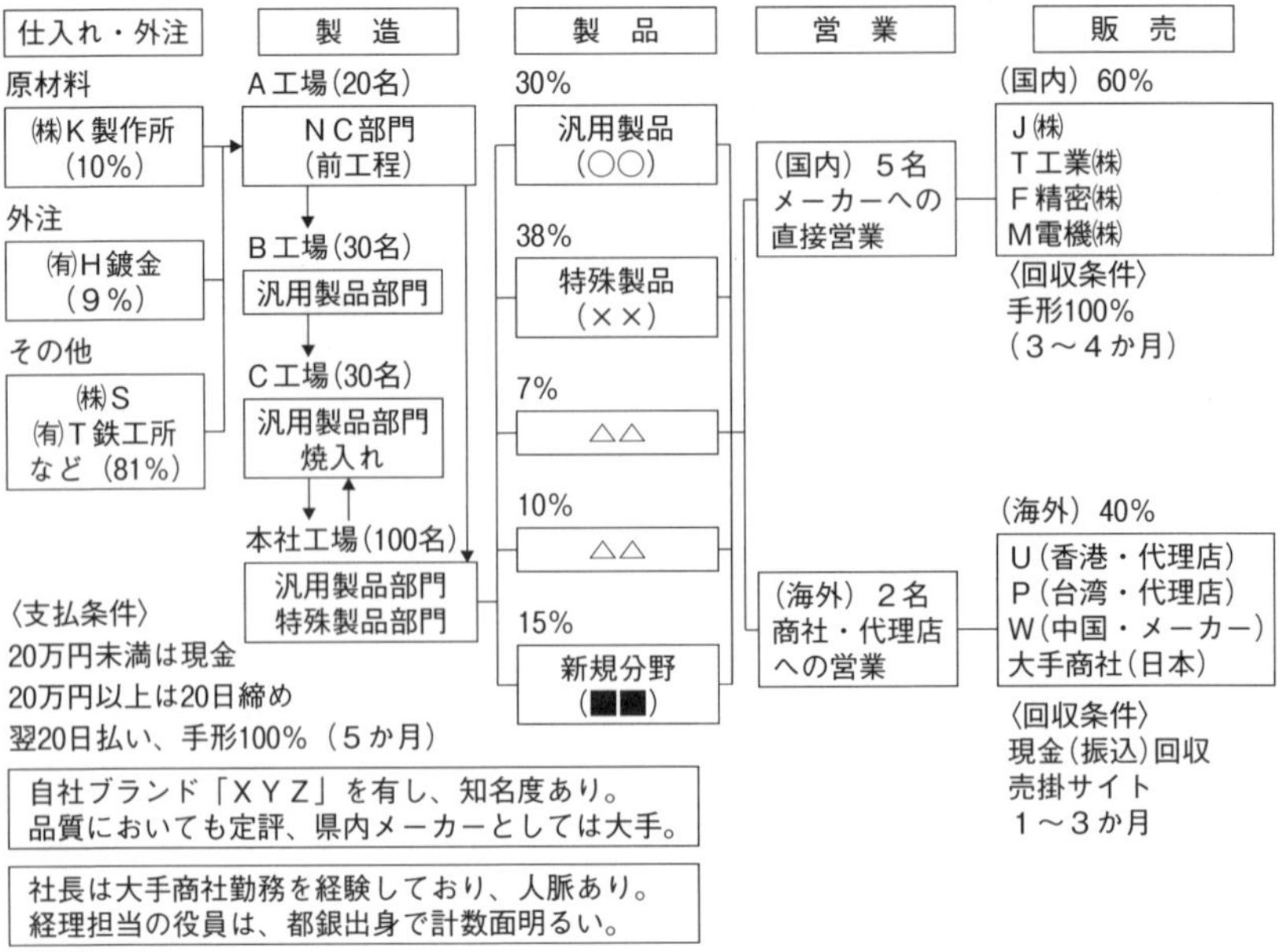

取組方針が策定されている。

また、同行の取り組みで興味深いのは、機能や役割ごとにタテ割りになりがちな、本部の組織が、各分野での専門性を発揮しつつも、全体を統合するコンサルティングユニットとして連携が行われていることである。このなかには、推進を担う部署や、リスク管理系の部署、さらに関連会社も含まれており、一つの組織体として全体が連携して顧客へのコンサルティング活動を実施している。まさに、情報と組織が、コンサルティング営業を実践するために設計されているという状況がわかるであろう。

そのなかの一つの事例としてコンサルティングユニットのなかにある「ニュービジネス企画室」では、「地域の面的再生に向けた積極的な参画」をテーマに様々な活動を行っている。「にいがた食活プロジェクト」もその一つである。新潟県は、米の生産量が全国トップ、清酒の出荷額が全

図表1－16　第四銀行が運営するブリッジにいがた

国三位など食品関連産業のイメージが強いが、実際は、製造業、卸売業、小売業も発展しており全体の産業構成のバランスがよいというところも特徴である。また、新潟県は歴史的に東京との交流が盛んで、新しい文化や産業を取り込むという柔軟な気質も有している。「にいがた食活プロジェクト」では、この特長を生かして、一次、二次、三次産業の連携による六次産業化（1×2×3＝6となることから、六次産業化と呼ばれる）新事業の創出をサポートするなどのビジネスマッチングを支援している。食・環境・健康をテーマに「しょくエコプラス！」という名称の大規模な展示商談会を開催し、地元の事業者と大手バイヤーとの商談が行われている。また東京の日本橋に「ブリッジにいがた」というアンテナショップを開設して新潟ブランドを首都圏に発信する活動も行っている（図表1－16）。

　同行の取り組みの一つひとつは、ある意味では地道なものであるが、目的を定めたときの新たな取り組みを始めるときの第一歩が早いこと、そして、これらの活動がイベントではなく継続的活動として行われているところに同行の強みがある。

私は、同行のこれら活動を実施している中核のメンバーとの交流を長くさせていただいているが、現場の行員に共通して感じられる思いは、地域に対する責任としての、危機感と使命感である。地域にとって銀行はどういう存在であるべきか、というような本質的議論が現場でしっかりとなされている場面に、私は何度も同席している。

広島銀行の事例

次は、地方銀行の広島銀行（貸出残高四兆五四九五億円、二〇一三年三月）における経営計画策定支援の取り組み事例である。

顧客の経営改善計画の策定支援はどの金融機関も行っているが、金融検査マニュアルや中小企業金融円滑化法などへの対応としてであり、そのことが、逆効果さえもたらしていることをすでに指摘した。しかし、ここで示す事例はそうではない。

古くからの山陽地方の経済的中心地である広島県には、自動車や運船などの産業が集積している。広島銀行の法人営業部では、顧客企業の中期経営計画策定を支援する業種や専門分野別のチームを組成し、顧客企業の中期経営計画策定を支援する体制を整えている。案件が発生すると、銀行側の責任者、マネージャー、事務局、プロジェクトメンバーや、外部の専門家等が参加したプロジェクト組織が組成される。顧客企業の担当者もそのプロジェクトに参画する。外部の専門家は、税務や会計、人事などの専門のビジネス領域ごとにネットワークが構築されている。外部の専門家だけではなく、プロジェクトに加わる銀行のメンバーも、それぞれの業界・分野の専門に分かれており、各人がそれぞれの知識・ノウハウを有していることも特徴である。

このプロジェクトは、企業の現状分析から始まる。外部環境分析や、知的資産経営分析（第四章で詳説する）が、銀行と顧客の協働作業として進められる。分析により現状認識が共有できたところで、経営ビジョンとして三～五年後に企業が目指すべき姿を共有し、それを実現するための全体戦略、個別戦略を策定し、それに従って個別の経営計画としてのアクションプランへとブレイクダウンしていく。

財務計画としての、計数化された中期経営計画が策定されるのは、最後のフェーズである。計画が策定されたら、実行を支援するための資金の問題や、ビジネスマッチングなどの銀行の本業に結びつく活動となるが、それは目的ではなく企業の経営計画を実現するための機能として行われる。取引先企業一社に対して、中期経営計画が策定されるまでは三か月以上かかるという。

広島銀行における取り組みの成熟度は非常に高いものがある。それは何年もの歳月をかけ試行錯誤を続けてきている効果である。

この取り組みについて、意見交換をしようと、先日、同行を訪問したときに担当者は次のようなことを私に語ってくれた。

「銀行に求められるのは取引先の診断ではなく、その後に行う経営課題解決への関与である。具体的な解決手段を示すことができない診断であれば、むしろそれは行わないほうがよい。それは銀行都合の、貸すか貸さないかの内部判断でしかないからだ。そのような関係では、顧客から真の信頼を得ることはできない。銀行が本当に企業経営者の立場に立って、経営や事業を理解し、それに対して双方が覚悟を決めたなかで、銀行が資金を提供するというサービスが実現できれば、顧客と銀行との絆は、これ以上にないというぐらい強固なものとなる。これが、銀行のビジネスモデルとなるべきである」

この担当者は、銀行が取引先企業の経営計画に携わることには、メインバンクとしての強い覚悟が必要であることを訴えている。「価値が形づくられるつながりにともに関わる」ということをこれほど、明確に示している言葉はない。

銀行内で企業の経営計画策定にかかわっている読者であれば、顧客との関わりの深さや、取り組みの本気度に驚かれたかもしれない。または、このような取り組みは、うちではできない、限られたリソースのなかで、銀行が行うコンサルティング業務としては限界がある、という感想をもった方も多いであろう。実際に広島銀行においてもコンサルティングの活動に相当のリソースをかけていることは事実である。直接的な作業時間だけではなく、コンサルティングを実施できる人材育成やノウハウの蓄積にかけた労力は相当なものであるはずだ。しかし、この活動を継続し成熟度を高めていることで、その活動が徐々に銀行組織全体に広がり、その銀行自体の日常活動の全体の活動にも影響を及ぼしていることを見逃してはいけない。

この事例を紹介した理由は、たとえば、「顧客に与える側」の銀行が行う業務としての「経営改善計画を策定」の本質は何かということを伝えたかったからである。経営の改善は、顧客自身が経営の課題に気づき、改善していくことでしか実現できない、ということを真っ当に実践している事例であるからである。

西武信用金庫の事例

三つめは、東京都中野区にある西武信用金庫の事例である。同金庫は、貸出金九五六四億円と中堅規模の信用金庫である。この信用金庫の特筆すべきところは、企業の資金需要が低迷している今日にあって、信金でもトップクラスの水準で順調に貸出金を増加させていることだ。そのうえで、預貸率七〇％、不良債権比率三・一％と極めて健全な経営を行っている（二〇一二年三月）。同金庫の特徴的な取り組みは、信用金庫の定例業務といえる、集金業務を一九九九年に廃止し、手があいた人員を、企業経営者と直接面談し経営の相談を行う「事業コーディネート担当」として地道に時間をかけて仕立てあげていったことである。また、この活動に並行して本部では、顧客企業からどのような相談がきても、対応することができるよう、行政、商工会議所、大学、各種士業専門家、外部機関との連携によるネットワークを構築してきた。コーディネートという名前が示すように自前であることには全くこだわってはいない。

同金庫の「事業コーディネート担当」は二〇一三年で二三〇名ほど在籍している。「事業コーディネート担当」は集金目的ではなく、経営相談や課題解決を目的としてお客さまを訪問する。そして月に一度は三〇分から一時間にわたり、経営相談の時間を設けている。中小企業診断士などの外部機関と連携した無償の経営診断の取り組みも実施している。その結果として集金業務のサービスによるものよりも、はるか大きな顧客の信頼を獲得した。そして顧客基盤は、新規開拓営業やキャンペーンを行う営業コストさえも吸収していったのである。そして、その行動が実を結び始めるとともに、同金庫の貸出が増加することになったのだ。

他の金融機関でもコンサルティングの強化の取り組みをうたうところは多い。しかしそれは通常業務に追加する付加業務または、特定の人員が行っているにすぎない。西武信用金庫の特筆すべきところは、顧客視点に立って、事業支援を業務の中核におくという経営資源の選択と集中をためらわずに実施したことである。そしてそれは、現場の中核業務のところから再構築されていった。

同金庫の経営者がこの意思決定を行ったとき、現場の職員は、大変な戸惑いをみせたという。しかし経営者には金融機関としての存在価値が求められる方向にポジショニングをシフトすることによって、長期的視点に立った「利益を構成する五つの要素」の収益構造がみえていた。集金を廃止してコストのかけ方を一新し、顧客の信頼によって資金利益の拡大を行い、同時にその関係性の強さにより、突然死によるデフォルト損失も未然に防いでいったことがその証しである。

西武信用金庫は、ＮＰＯなどのコミュニティビジネスの支援にも積極的である。この活動拠点としてのコミュニティオフィスを支店の一部を改装して好立地・低価格で地域住民に提供するということまで行っている。ここまでくると、取り組みの本気度が違うと感じざるをえない。発想の起点が完全に顧客の側にあるのである。西武信用金庫が行ったことは、経営資源が不足している中小企業に対する支援を行うという自らのポジショニングである。つまり、顧客から見た金融機能の在りかたについて突き詰め、やるべきこととそうでないことを区分していったのである。

ここまで三つの金融機関の事例を紹介させていただいたが、それ以外の金融機関においても部分的であっても、このような取り組みを始めているところは存在する。そのような活動を支援することが、私の役割でもある。

第二章では、顧客から与えられる影響と、顧客に与える影響を同等に考えることで、顧客と一体になって、価値の創造にかかわっていくというバリューチェーンファイナンスによって実現しようとするビジネスモデルについて説明をしてきた。

第Ⅱ部以降では、バリューチェーンファイナンスをきれいごとではなく、実際銀行の業務に定着させていくにはどうすればよいかについて、ともに考えていきたい。

まずは、顧客と銀行との対話のところから見ていこう。

第Ⅱ部

バリューチェーンファイナンスを実現する顧客との対話

第三章 企業と銀行の対話はどのように失われていったか

◇企業と銀行の情報の非対称性はなぜ発生するのか

情報を隠し合う企業と銀行の関係

企業経営者が「儲かる事業を行いたい」と考える場合と、銀行が「適切な貸出を行いたい」と考える場合では、意思決定における必要な情報に大きな違いはない。なぜならば、企業経営者が資金を調達して実施する事業が儲かる事業であれば、そこに融資している銀行としても借入金が返済される可能性が当然に高くなるからである。つまり**「貸してよいか」という意思決定と「借りてよいか」という意思決定は、それぞれの立場の違いこそあれども、本質的には判断している要素は同じものである。**同じである判断要素とは、その資金を使って行われる事業が「継続的に収益をあげることができるか」ということである。

少し時間軸を延ばして、企業と銀行との長期的な関係の意思決定について見た場合も、同様の結論が導かれる。

企業が自社の長期的成長を望むことと、銀行が顧客との取引のなかで、長期的に安定した収益をあげていきたいと考えることは、同じ判断基準となる。だとすれば、両者の利害は一致する。銀行にとっての、安定した収益は、顧客である企業の安定した事業の継続のうえに成り立つからである。つまるところ、多くの銀行の経営理念にも記載されているとおり、顧客と銀行は共存共栄の互恵関係のうえに成り立っている。

しかし、貸し手と借り手という立場の違いによって己の利益を優先する行動に従おうとするあまり、情報の操作を行ったり、駆け引きをしたりすることによりお互いの意思決定をゆがめていくゲームが始まる。ここには、銀行と企業経営者の間でのコミュニケーションのギャップが根深い問題として横たわっている。このようなコミュニケーションのギャップが生ずる原因は、いったいどこにあるのか。本章では、このことについてテーマにしてみたい。本書のテーマであるバリューチェーンファイナンス、つまり企業と銀行がともに成長を支え合う金融機能を実現するためには、企業と銀行の間のあらゆる接点でのコミュニケーション、つまり対話の質を向上させていくことが必要条件となるからである。

立場の違いがお互いの意思決定をゆがめていく現象は、「情報の経済学」という学問分野において「エージェンシー問題」として知られている。お金を払って仕事を頼む人である「依頼人（プリンシパル）」と、お金をもらって仕事の代理をする人である「代理人（エージェント）」は、それぞれが対立する利益を追求するため、情報を操作することで自らの利益を確保しようとする。この場合の「依頼人」はお金を借りたい企業で、「代理人」は銀行である。

企業の経営者は、できるだけ有利な条件で資金を調達したいと考える。自社の経営状態をよりよくみせようとするため、自社にリスクがあるように見える不利な情報は隠そうとする。銀行は情報を隠したがる企業には疑ってかかるような心構えでモニタリングを行う。このように、「依頼人」と、お金をもらって仕事代理する人「代理人」がもつ情報が不均等な状態になることを「情報の非対称性」という。

企業と銀行が全く同じ情報を共有していれば、銀行はリスクに見合った金利収入を得ることで満足する。しかし、実際は、企業経営者と銀行の間には情報のギャップ、非対称な情報があり、銀行にとっては不確実性のリスク（チャンス）が発生する。このリスクにはどうしても定量化できないものがあり、銀行はその分をリスクに見合った金利を求める。これをエージェンシーコストという。

銀行は、融資した資金が返ってくるように、融資先の情報の非対称性をできるだけ解消しようとして、相当な量の情報収集や調査分析を行い、さらにそれを支える情報システム投資を行う。この作業に費やしている費用がエージェンシーコストである。信用リスク管理といわれる業務が生みだすコストの大半は、このエージェンシーコストである（なおもう一つの信用リスク管理業務は、運用資産の分散や組合せを適正にすることである）。エージェンシーコストの代表は「審査業務」といわれる、融資先や案件の信用リスクを見極めるための分析作業の費用である。つまり、審査や調査にかける人件費、モニタリングのための調査、CRMなどへのシステム投資などである。銀行では、エージェンシーコストという費用名目で管理を行っていないためその金額を表す指標は存在しないが、試算をしてみれば莫大な費用となる。

情報の非対称性が大きいほど、エージェンシーコストも大きくなる。つまり、企業が銀行に悪いところをみせまいとし、銀行も顧客がウソをついているのではないかと実態調査や分析を綿密に行うというような場合だ。銀行は、企業の実態がよくわからない場合は、判断できないリスクとしてのエージェンシーコストを付加した金利を設定せざるをえない。しかし、そうすると、企業は「その金利では借りない」ということになる。自分が隠しごとをしているために銀行に発生しているコストまで顧客は許容しない。しかし、企業と銀行の情報共有が進めば、銀行としてのエージェンシーコストが削減され、顧客はリスクに見合った金利を支払い、銀行はリスクに見合ったリターンが得られるようになる。

正常だと思っていた取引先が突然倒産するリスクのことを、銀行では「サドンデスリスク」という。企業と銀行との情報共有が進めば、このサドンデスリスクは解消され、信用コストの削減にもつながる。「サドン」というのは、顧客の状態を知らない銀行側にとって突然気が付くという「サドン」なのであり、企業側にとって見れば事態がジワジワと進行していっただけのことであり「サドン」ではない。

このように、企業と銀行のコミュニケーションが活性化され、情報の非対称性が縮小していくことは、信用リスク管理上は極めて有効なものである。エージェンシーコスト削減の効果も大きい。しかし、この情報の非対称性を拡大させていく現象が、バブル経済以降の銀行において進行していった。しかもその現象が加速したのは、皮肉にも信用リスクを強化しようとする施策を実施することが要因となった。そのことを、この後触れていく。

「客観性と説明責任」の誤った運用がもたらしたもの

以前私が米国のサンフランシスコに出張したときにFMBNCというコミュニティバンクを訪問したことがある。その銀行の店頭に印象に残る言葉が掲示されていた。

Do large banks ,like the ones around you right now, make you feel like a number?
Try FMBNC. We'll treat you like who you area person!

「うちの銀行は、隣の大きなバンクと違って、お客様を数字ではなく人として扱っていますよ」という意味である。定量的に表現される数字は、客観性をもって同じ基準で顧客を効率的に把握し評価することができるというメリットがある。しかし、そのことによって、銀行が顧客を人として受け入れ、対話による関係を築いていくことをやめさせる理由にはならない。

従来の銀行は、審査や調査・分析などの大半は属人的作業で行っていた。審査や調査を担当する部署には必ず「目利き人」と呼ばれる人が何人かいて、業界事情への精通や、独特の勘と経験をもって融資判断を行っていた。また、顧客の顔が見えている営業店の支店長にもある程度の裁量が与えられていた。しかし、バブルが崩壊し、銀行の不良債権問題が表面化するようになってから、「客観性と説明責任」が重視されるような信用リスク管理の強化が、銀行に求められるようになった。また二〇〇〇年に金融庁が発足し、金融検査マニュアルが作成されることでその流れが後押しされた。

バブル経済以前は、定性情報が審査において重視されていたが、現在の銀行の審査体系は、財務情報などの定量的データによるものが中心となっている。その理由は、金融検査マニュアルの導入によって「客観性と説明責任」が重視されるようになったからである。「経営者の資質」や「固有の技術力」などの定性情報を、企業経営の経験のない銀行員が評価することは困難であるだけではなく、客観性にも欠き、他者に対しても説明が行いにくい。そのため情報の非対称性も発生しやすい。企業から「今回発見した技術は、世界的に見ても希少な価値があるものだ。研究開発資金を融資してほしい」というように銀行員に相談されても、銀行員はその技術の価値について判断することはできない。

これに比べて、財務情報は、会計基準という一定のルールに基づいて記述された決算書をベースにしているので評価しやすく、審査の作業も形式化しやすい。つまり、「客観性と説明責任」を果たしやすいように見える。その到達点の一つが決算書情報を入力することで、企業が債務不履行になる確率を算出する財務スコアリングモデルである。事実のデータによって積み上げられたモデルであるので、ある意味このうえなく客観的であるといえる。

銀行にとっては、財務分析という作業だけ取り出してみても、審査や分析にかけるコストは大変大きい。顧客が提出する決算書には、資産の評価が適正でなかったり、なかには粉飾決算が混在していたりする。このため、銀行は、決算の妥当性をチェックするための財務分析や、実態バランス（決算書の資産価値を調査して、減価等の調整を行ったあとの貸借対照表）を作成するために膨大な作業を行っている。

これだけでも大変な作業であるが、自己査定や内部格付手法の導入で、業務ごとの個別の説明資料としての書式・帳票が次々と再生産されていったため、銀行員の作業は膨大なものとなった。私は、銀行から帳票や報告書の削減について相談される場合も多いが、審査や格付、自己査定関係で作成する資料は膨大であるだけではなく、重複も極めて多い。そして、その種類や量は毎年増加している。銀行の業務は、顧客と対話をすることではなく、銀行内で書類を作成することへと変貌していった。

しかし、財務情報が主体となったことによって、情報の非対称性を解消するエージェンシー問題が解決するわけではない。財務情報などの定量化しやすい部分に特化した信用リスク管理業務を築いただけであり、企業と銀行の関係における情報の非対称性の構造は変わっていない。あえて、取扱いが面倒な定性情報に対して目を向けないようにしただけである。

銀行が過去の財務情報や取引の実績をベースに議論をしたがり、将来の事業計画に対して評価をしようとしないのも同様の理由である。数値化された過去の事実は情報の非対称性を生みようがないが、将来の計画には担当者の思いなどの恣意性が働くうえに、コストがかかる情報の判断、分析、評価の作業が伴うからである。

一方で、金融庁のほうは二〇〇三年三月にリレバン・アクションプログラムという政策を打ち出す。地域金融機関は取引先企業との親密な関係により、「企業との情報の非対称性」を解消するべきであるとの理由から、事業価値に対する「目利き能力」の強化を銀行に求めてきた。しかし、「目利き能力」の育成のために取り扱う定性情報が前述のとおり「客観性と説明責任」を維持しにくいものであるため、指導をされた銀行のほうは混乱する。技術力やブランド力といった定性情報は、定量化して表現することが困難であるからだ。

実際に、銀行のほうも「目利き能力」や、「コンサルティング機能の強化」を実施していく資質をあまり持ち合わせていなかった。いや、実際は、それが可能な優秀な人材が存在していたが、彼らが活躍する場所は、企業再生の現場へと向かっていった。「客観性と説明責任」を維持するオペレーションが優先されるなか、組織の全体的な仕組みとして「目利き能力」が定着する方向性が制約されていったというほうが正しいかもしれない。一方で金融庁は銀行に対して、リレーションシップバンキングについての取組内容の報告を求めたので、実態を伴っているかどうか別として、実施した活動項目を羅列するような対応が増えていった。そのことが「チェックリスト型リレバン」という呼び方で、一部の有識者に皮肉を述べられたりもした。二〇〇九年の中小企業金融円滑化法の施行などにより、銀行に対する「目利き能力」や、「コンサルティング機能の強化」の要請がよりいっそう高まっている傾向にあるが、問題の根本は解決されていない。「客観性と説明責任」の誤った運用によってむしろ深刻化しているといえるだろう。

誤解があるといけないが私は銀行がステークホルダーに対して説明責任を果たすべきことを否定しているわけ

ではない。説明責任を果たすということは、銀行がサービスのクオリティを維持するための本来の目的にたちかえるべきである。**説明責任を果たすということが、説明が行いやすいことだけを説明するという誤った運用へと流れていったことが問題なのである。**

「成功するビジネスモデルは説明しにくい」というジレンマ

やや話題が飛躍する。

婚活を支援するサービスの事業者で結婚希望者が自分のプロフィールを紹介するときにビデオ映像を活用するケースが増えているという。写真やプロフィールだけでは、どうしても伝わらないその人の性格や生き方が、ビデオでの表情や話し方からなんとなく伝わるのだという。マッチング相手を見つける際にデータでは伝えきれない情報が、ビデオでは伝えることができるのだそうだ。

近年は、婚活も高年齢化しており、マッチングに必要とするプロフィールに記載する情報も、多様化しているという。結婚相手に求める条件は、二〇代どうしであれば、「人柄」「共通の趣味」「経済力」「職業」といった、定量化して表現しやすい項目が並ぶ。しかし、人生を重ねてきた成熟した人間どうしのマッチングには、これに加えて「価値観」や「人生観」といった定性情報が必要となってくる。ただし、「価値観」や「人生観」を客観的に説明することは難しい。その解決方法の一つがビデオという手段を使うことであった。

意欲をもった企業経営者は、成功しそうな独創的なビジネスを行うために資金調達を行いたいと思っている。企業経営者はこの事業は画期的であり、成功すると確信している。一方で銀行の担当者には、そのような企業に対して、融資をして支援してやりたいという気持ちがないわけではないが、その思いはなぜか銀行の担当者には伝わらない。

エージェンシー問題を厄介にしているのは、企業にとって成功するビジネスモデルほど、情報の非対称性を生みやすいということである。それは、「成功する事業のビジネスモデルは、独自性があるがゆえに説明が行いにくい」という特徴があるからである。また、説明がしやすい「誰からも成功するように見えるビジネスモデルは、逆に成功しない」ということでもある。そのようなビジネスモデルは、誰でもまねができるため参入が容易であり競争が激しいと考えられるからだ。企業が継続的に収益をあげようと思えば、競合企業がまねできないような独自性があることをやらなければならない。または、競合企業が参入しにくくするために、特許や既得権益など参入障壁をつくらなければならない。成長する企業は、他社が実施しようとしない、または実施が困難な独自性をもつことによって、差別化が図られているという特徴がある。これを生み出している源泉は、知的資産とよばれる第三者からは目に見えにくいノウハウや技術である。目に見えないので、説明をすることや、客観的な評価が難しいのである（知的資産のことについては、さらに第四章で詳しく説明する）。

さて、誰もが納得するような事業計画では、成長することは難しいといっているのだから、この事業に融資をするために審査を行う銀行にとっては、貸してよいかどうかの判断が、ますます困難になってくる。まして、銀行の稟議制度というハンコをたくさん押すような集団的意思決定には、まったくもって向いていないというしかない。

運よく、銀行の担当者の勘が鋭く、企業経営者が説明する事業計画に、ワクワクするような可能性を感じて稟議書を書いたとしても、上席者や本部はそれを理解してくれない。これに対して、誰が見ても安全確実な事業計画は、すんなりと上席者や本部が納得してハンコを押してくれる。しかし、この場合はその事業は競争が激しく成功確率が低いといっているのだから、厄介な問題である。

今日の企業は、独自性のあるビジネスモデルを構築することで、新しいマーケットを切り開いていかなくてはならない。そのような企業にも銀行の事業資金がまわるしくみが求められる。しかし、そこに資金を融資する銀行に、独自性のあるビジネスモデルを評価する仕組みが構築されていない。

この問題が特に顕在化したのは、バブル経済が崩壊しビジネスモデルが多様化していった一九九〇年代以降のことである。高度成長経済期の企業には、豊富かつ成長していくマーケットが存在しており、他社との差別化に対して、今日ほどの意識をしなくても、他社のまねさえしていれば成功するビジネスモデルはいくらでも存在した。また、誰かが欧米のビジネスモデルを模倣し、国内でもそのモデルを別の誰かが模倣することで事業は成功した。米国の小売形態を一部の先行企業が日本に持ち込み、これをさらに地方の小売業者が模倣することで、全国にスーパーマーケットが拡大していったことなどはその典型であろう。また、製造業には、下請けとして国内に安定して仕事を出してくれる親会社が存在し、その頂点に立つ企業は、高品質を武器に成長する国内や海外の市場から仕事をとってきてくれていた。下請企業が、自社製品の独自性や差別化の必要性に対して、今日ほど悩む必要はなかった。

したがって、それらの事業に資金をつける銀行側の審査も、その企業のビジネスモデルについて、深く考える必要はなかった。そのなかでも、不況業種は存在していたので、銀行にとって、信用調査とは業界調査のことを指していた。

「業種」と「ビジネスモデル」

銀行が審査や営業活動をしていくうえで企業を「業種」というくくりで評価していくことは、管理するほうにとっては、なるほどわかりやすく運用しやすいものである。しかし、ビジネスモデルがこれだけ多様化した今日では、「業種」というくくりだけで企業を見ていくことには限界がある。前述したように今日の「成長企業」は、「業種」だけではなく、個別の独自性のある「ビジネスモデル」によって見極める必要が生まれている。ユニクロを経営するファーストリテイリングも駅前商店街のシャッター通りの婦人服店も衣料品小売業である。

銀行では、企業を「業種」という区分でセグメント化し、リスク管理方針や取引方針を定めている傾向が強い。銀行では成長業種、不況業種というくくりで方針を策定し、ポートフォリオのコントロールを行おうとする手法が一般的である。

二〇一〇年に日本銀行が、「成長基盤強化」支援のための「新貸付制度」を設け、各行に総額三兆円の融資枠を設定したことがあった。このとき銀行がとった政策の多くは、「成長分野」の「業種」を特定して、その「業種」に属する企業に対して融資を可能とするファンドを組成して貸出の拡大を図るものであった。一方で、低迷する業界の救済策として策定された、セーフティーネット保証制度は、「不況業種」を特定して信用保証協会の保証料率や保証枠を優遇する措置として実施されている。つまり、銀行が施策を打つうえでの基準には常に、「業種」というルールが適用される。

しかし、より見極めるべきは「業種」ではなく、個社の「ビジネスモデル」である。「業種」というセグメントで、ほぼ、その業界の「ビジネスモデル」を説明できる時代はたしかに存在した。しかし、成熟した経済構造で、これだけビジネスモデルが多様化した今日では、「業種」を基準とした運営基準をもう一歩成熟させる必要がある。

銀行の審査はできるだけ早く、「業種」の基準ではなく、ビジネスモデルを基準とした基準へと移行すべきである。

「業種」中心で考えることの問題を一つ紹介する。銀行が格付等に用いる財務スコアリングモデルでは、業種別に区分してロジックを策定する。業種によって、資産構成や利益構造が異なるからである。たとえば、サービス業には仕入れという概念が比較的少ないので、売上げに対する利益率が高い傾向があるが、卸売業では仕入原価がコストの大半を占めるため、利益率は低い。これを、たとえば売上高経常利益率という指標を基準とした財務スコアリングモデルを策定すると利益率の低い卸売業には不利になってしまう。そのため、卸売業は卸売業でくくって、その集団のなかでモデルを構築するのである。

では、その顧客を特定する業種とはどの程度正しいものだろうか。私はこれについて実際に調査した経験があるが、銀行が企業ごとに登録している業種コードは、三割以上は間違っている可能性が高い。業種コードとは、銀行や総務省が決めた業種の分類であり、ある企業がどの業種に属するかという答えは存在しない。そもそも答えがないためどの業種が正しいのかという検証も困難である。

たとえば、ある洋菓子屋が、裏には工場、店舗には喫茶店が併設され、店頭ではケーキを売っている。これは製造業か、サービス業か、小売業かというと、答えを出すことは難しい。売上げの比率で最大のものをとるという方法もあるが、そのようなデータを検証する暇はないので、感覚で決めることになる。また、「卸売業」という業種は、一般的には外形的には認定が難しく、総務省が発表している卸売業の比率にくらべて、銀行が分類している「卸売業」の比率は少ない。より感覚としてわかりやすい小売業と、製造業に分類してしまうのである。ところが、どのように決められたものにせよ、モデルのなかでは、業種コードという数値化されたものになったとたん、とても扱いやすいものになる。信用リスク管理の分野では、その三割以上が誤りでつくられたモデルで算出されたデータに対して、〇・一％レベルの細かい検証作業が行われている。

◇形式化された情報の限界

財務スコアリングモデルの限界を知る

「客観性と説明責任」が担保されるということは、状態を数値で表しきるべきであるという解釈がされてしまう。そのため、財務スコアリングモデルは、銀行の信用リスク管理のツールとしては必要不可欠なものとなっている。

銀行は、融資を判断するときに、企業の信用度を評価するための信用格付というランクづけを行う。信用格付を決定するときは債務不履行（デフォルト）となる確率であるＰＤ（Probability Of Default）に基づいて決定される。そのＰＤを算出するしくみが財務スコアリングモデルであり、財務データ等の定量情報を投入すると、その企業が一年以内に債務不履行になる確率が、統計データに基づいたロジックによって算出されるのである。

この財務スコアリングモデルは、バーゼル規制や内部格付制度の指導強化への対応として導入が進んだ。また、金融工学技術の進展とそれを集積する全国規模のデータベースの蓄積が進むことで普及が後押しされた。

図表2－1　スコアが出るとわかったような気分になる

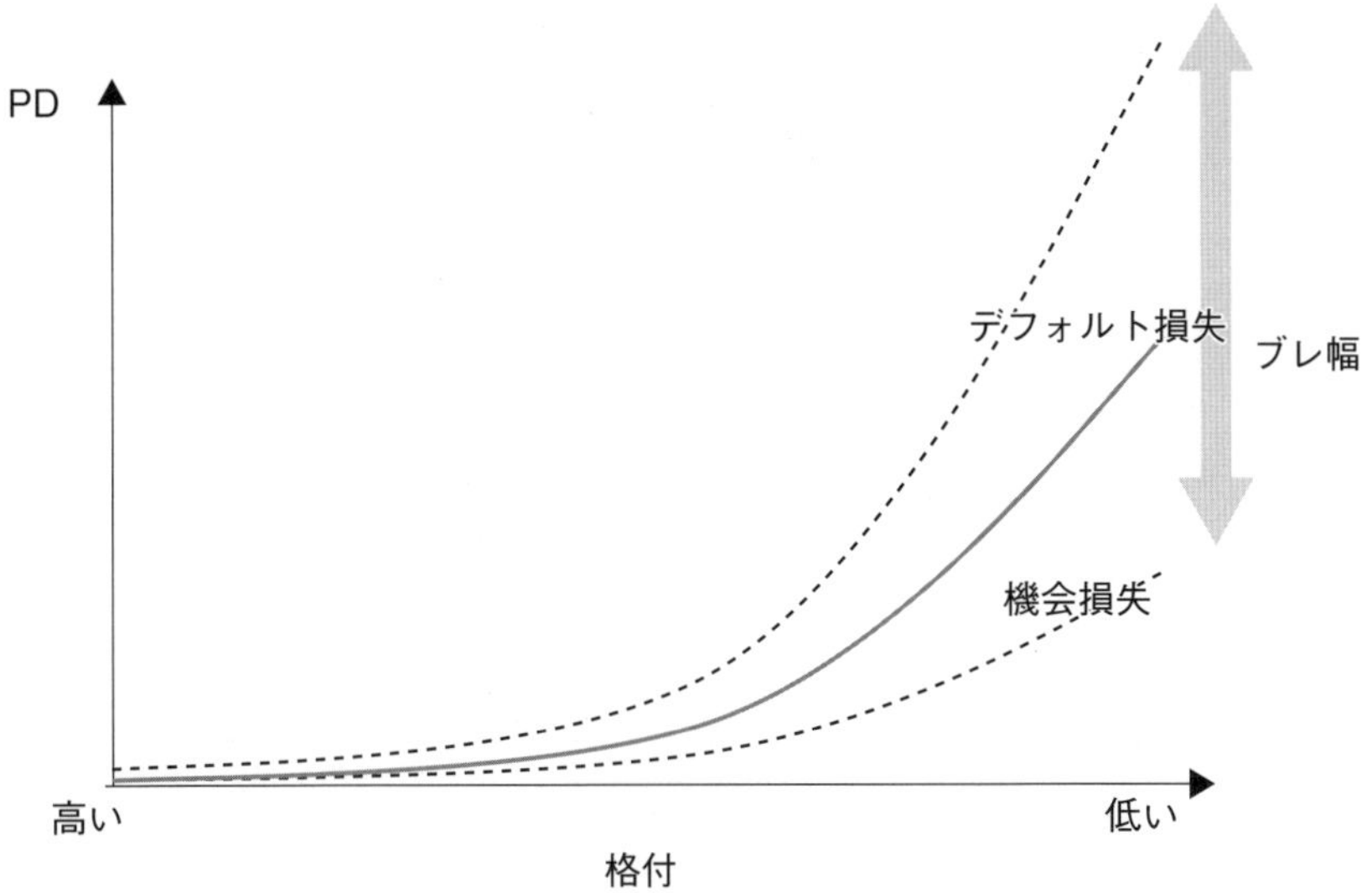

金融工学の技術の進歩は目覚ましく、現在では財務データのみで行う確率予測では、これ以上精度はあげられないぐらいのところまできている。現在の財務スコアリングモデルが、どのように企業が債務不履行となる可能性を予測しているかということを示そう。

一〇人いる部屋のなかに真犯人が一人だけいたとする。刑事は、過去の犯罪者の特徴である「頬に傷がある」「目つきが悪い」などの情報をもとに「あやしい度スコア」という指標を判定する秘密の計算方法を知っている。その刑事は、一〇人の人相をじっと見るだけで、事情聴取もせず「あやしい度スコア」を判定し、その点数が最も大きい人物に対し「真犯人はお前だ」と指名する。しかし、一発目で真犯人を当てることはなかなか難しい。外れていた場合は、次に二番目に「あやしい度スコア」が高かった人物に「いや実は、真犯人はお前だ」と指名していく。結局、その刑事が真犯人を当てることができたのは、三番目に「あやしい度スコア」が高い人物であった。

犯人を債務不履行となるであろう債務者、人相を財務情報に置き換えてみる。現在用いられている財務スコアリングモデルでは、債務不履行となる企業を予測できるのは一〇社のうちで三番目ぐらいである。財務情報だけではどれだけ精度を追求しても、その程度が限界であるとされている。さて、もし、あなたが、無罪である九人のうちの一人だとして、事情聴取も受けず、人相だけで犯人扱いされた一番目の人物だったとしたら、どういう気分だろう。刑事が「犯人扱いをして悪かった、効率化のためにやむをえないのだ」という謝罪を受け入れるだろうか。「目つきが悪いのは、オレの特徴（ビジネスモデル）だ！」といいたくもなるだろう。しかし、この刑事の立場から、一～二番目の人物の気持ちという影響を無視すれば、効率的に犯人を捜しあてることができる。財務スコアリングモデルだけを使って行われる企業の審査は、ほぼこのような方法で行われている。

この財務スコアリングモデルの精度をあげるには、倒産を予測するにあたり、よく効く財務指標を投入することが重要となる。そうやって、選ばれる財務指標には特徴がある。それは〝遅行指標〟である。遅行指標とは、企業の経営が悪くなりそうな予兆を示す先行指標ではなく、悪くなっている状態を表している結果として遅れて現れる指標のことである。たとえば、キャッシュフローが赤字であることを示す「経常収支比率」や、債務超過であることを示す「自己資本比率」、返済能力に対しての借金の大きさを示す「債務償還年数」、外部への仕入代金の支払いが滞りがちになった結果としての「仕入債務回転期間」などである。つまり、「企業の信用状態が悪くなる前兆となる指標」に対して予測を行うのではなく、「企業の信用状態が悪くなっている状態の指標」を用いてスコアを算出しているのである。いうなれば医者が、癌である患者に対して末期になって検査を行って「どうやら、間違いなく癌のようですね」といっていることに近い。人間でいうと、「タバコを吸っている」とか「飲酒の量が多い」などという指標は、癌の発症率を予測するにはある程度有効ではあるが、タバコを吸っている人のすべてが癌になるわけではない。統計モデルとしての精度をあげるときには、はっきりと、症状が見えているものに指標を絞りこむ必要がある。その結果として「遅行指標」が採用される。

銀行では、信用格付のモデルを構築するときに、長期的な景気変動を考慮して時間軸での変動幅を少なくするように考慮すべきということが求められている（これをＴＴＣ（スルーザサイクル Through the cycle）という）。銀行の企業に対する取引方針が、景気変動に応じてコロコロと変わってはいけないからである。しかし、財務情報のみで構築されたモデルでこれを実現することはとても困難である。長期的傾向を示す指標を採用すればするほど、予測精度が低下するからである。

財務スコアリングモデルを事例に「客観性と説明責任」を求めることによって、企業と銀行とのコミュニケーションが制約されていく事例を示そう。財務スコアリングモデルは「大数の法則」といわれる考え方がベースとなっている。つまり、大量の財務データのなかでの確率として有意性が優先される。つまり、大量のデータのなかでは、確率としては正しいのだけれども、そのことと、目の前の一社のＰＤは異なるということがありうる。信用リスクが高い企業ほど、この傾向は顕著となる。

優良な企業つまり、ＰＤが〇・一％以下の水準にいるような企業に対しては財務スコアリングモデルの予測の精度は高いが、ＰＤが三％、五％、一〇％とＰＤの値が上昇するごとに、予測の精度のブレ幅は大きくなっていく。

ＰＤの値が五・〇％と算出された結果は、一定の分布の範囲では二～二〇％ぐらいの間にいるのだけれども、真ん中をとったら五・〇％であったということにすぎない。ここが、誤解を招きやすいところである。ＰＤが五・〇％といったら、多くの人は五・〇％の確率で債務不履行になると思うだろう。しかし、実際にはそうではない、二〜二〇%の幅のなかの平均が五・〇%というだけである。業務上では五・〇%という値は、本当は「財務データだけではよくわからないので、実態をよく見る必要がある」というメッセージを発している。つまり、顧客とのコミュニケーション調査・分析によって二〜二〇%の間のブレを狭めていく必要がある。しかし、多くの場合は、「五・〇%である」というふうに結論づけてしまうのである。いわば、「計算機を使って計算を忘れる」ということが起きてしまう。

数字というものは怖いもので一度値として出てしまうと、その結果が正しく見えてしまう傾向がある。このような指標がないとき、銀行員は、財務分析で「なんとなく不安な企業」という判断になり、わからなかった部分の情報を集めにいくという行動をとる。それは、社長の顔色を見にいくとか、工場の様子を見にいくなどの行動である。ところが、モデルの結果として数値化されることは、顧客実態を把握するという行動そのものをやめさせてしまう効果がある。

「債務償還年数」という誤解

銀行が取引先の返済能力を判定するときに、「債務償還年数」という指標をよく用いている。債務者区分という企業の信用度を表すランクを決めるときに、最も重要視される指標の一つである。

債務償還年数＝（有利子負債－所要運転資金）÷キャッシュフロー

という計算式で算出される。つまり、現在抱えている借入金（有利子負債）が、その企業が生み出すキャッシュフローの何年分で返済ができるかという計算である。所要運転資金を差し引くのは、もし倒産したとしても、在庫の処分と売掛金の回収により借金を減らせる分を差し引いてもよいという考え方である。この指標を用いて、たとえば債務者区分が正常先であるためには、債務償還年数が一〇年以内でなければならないという基準がつくられている。なるほど、わかりやすい考え方である。

では、債務償還年数が「一〇・〇年」と計算された企業は、実際に一〇年後に借入金が返済できるのかというと、もちろん事実と計算は異なる。

この計算式の「キャッシュフロー」は、通常は過去の決算書を見て「当期利益＋減価償却費」を計算して決定する（減価償却費は現金支払いを伴わない会計処理上の支出であるので足し戻す）。

しかし、実際にその企業が借入金を返済するのは、過去ではなく将来のことである。過去の延長で事業が将来も同じように推移するのであれば、実際の返済財源に近くなるが、事業環境の変化が激しい今日において、そのようなことは起きえない。また、仮にもし過去と同じように収益をあげられたとしても、企業がキャッシュフローの全額を銀行の返済にまわすことはない。企業が現在の競争力を維持していくためには、追加の設備投資や研究開発投資が必要である。それが、どの程度必要であるかは、その企業に固有の事業環境とビジネスモデルに依存する。事業環境の変化が激しいなかにおかれている企業では、現在の経営資源を維持することだけでは、来年・再来年に同額以上のキャッシュフローが捻出されることは約束されない。実務上では、債務償還年数の算出では、企業の維持更新に必要なこの投資分を差し引いてキャッシュフローを計算することもある（フリーキャッシュフローという）。しかし、その企業の維持更新に必要なこの投資額を見積もるには、その企業のビジネスモデルに依存する個別性が高いため、統一のルールを当てはめることはできない。つまり、「債務償還年数」とは、ある前提をおいたときの企業の債務の大きさを推測している指標にすぎない。

「債務償還年数」は、「有利子負債対キャッシュフロー倍率」と読み替えるべきである。「総資産回転率」や「売上高経常利益率」などと同じように、個社別には、いろいろな特徴があるが、おおまかな経営分析に使用する目安としての財務指標として使用すればよいのである。「債務償還年数」という名前があたかも、実際のその会社のリアルな返済能力を表しているかのように、多くの人に誤解を与えてしまうのである。もしくは、事実を考えなくしようとする動機を与えてしまうのである。

では、「有利子負債対キャッシュフロー倍率」という指標に意味はないか、というと決してそうではない。実際に「有利子負債対キャッシュフロー倍率」は、デフォルトとの相関が高いという検証がされており、返済能力の目安を示す指標として活用していくべきものである。ただしその目安である指標が、あたかも、リアルな返済能力を示しているかのように運用されていることが問題なのである。ここでも「計算機を使って計算を忘れる」ということが起きている。

財務スコアリングモデルや債務償還年数の算出は、医療にたとえれば、血液検査やレントゲンのようなものである。血液検査や、レントゲンは病気の存在についておおまかにあたりをつけることはできるが、それだけで、病名を特定することはしない。まして、その結果だけをもって診療方針を決める医者はいない。血液検査やレントゲンの結果を把握しつつ、問診などを行い、症状によっては、別の検査も行うことで診療方針を決定する。しかし、銀行は財務スコアリングと債務償還年数の結果をもって、取引方針を決定することがある。どちらも相手の生命に影響する可能性があるのにだ。

マサチューセッツ工科大学の経営学者であるピーター・センゲ等が著した書籍『出現する未来』（講談社、

二〇〇六）のなかで、定量情報による「測定」の問題について次のように表現している。

測定は行き過ぎた一般化を招きやすい。人は、測れるものしか「現実」だと見なくなる。（中略）測定を過信すると、世界を関係ではなくモノとしか見なくなる。そして、「ハード（数値化できるもの）とソフト（数値化できないもの）」の安易な二分法に陥る。数値で測定できるものこそが「現実的」と感じるなら、個人間の関係の質や仕事の目的意識といったソフト面は、二次的な立場に追いやられる。これは皮肉なことだ。ソフト面こそ、うまく扱うのが難しく、成功と失敗を分ける最大の要因となることが多いのだから。（中略）測定自体が問題なのではない。測定できるものと測定できないものとの価値のアンバランスが問題であり、量的な測定を過信し、判断や学習を疎かにしているのが問題なのだ。

この指摘は経営管理に対しての提言として述べられているものであるが、銀行における信用リスク管理の課題に対しても見事に当てはめて考えることができる。

このような主張に対しては、「銀行のリソースは限られているので、すべての顧客に対して、手間暇をかけた審査を行うことはできない」「ある顧客層に対しては効率化をすることで、メリハリをつけた対応が必要だ」という反論が聞こえてきそうである。

しかし、銀行が限られたリソースのなかでサービスの効率化を目指すことは必要なことである。問題としたいことは、「誰のための効率化か」という視点の持ち方である。顧客が求めるサービスとしての効率化はあってしかるべきであり、逆に顧客が金利や手数料を負担して支払ってもよいというコストはかけるべきである。「銀行にはそのようなリソースがないから」という効率化を起点とする考え方は、あまりにも顧客のことを考えていない。もし、ディズニーランドが業務効率化をしたいという動機で、自動券売機を増設し、場内のミッキーマウスをロボットにしてしまったらどうなるであろうかと想像してみてほしい。

「案件」の審査か「稟議書」の審査か

融資の意思決定における「客観性と説明責任」を果たすために、銀行には、顧客の融資の実行の妥当性を審議する、「稟議」という業務が伝統的に存在している。顧客からの申出に対して、顧客の信用状態や、申出の背景や、資金の使い途、返済ができるかどうか、金利や担保の条件は妥当かなどを、記載して決裁をあおぐ仕組みだ。その書類を「稟議書」という。申出の金額や信用格付などの一定条件を満たせば、営業店の支店長の決裁ですむが、その条件を上回ると、本部の審査セクションに回される。この稟議書にかける銀行員の作業量は極めて膨大である。

私も仕事上、いろんな銀行の稟議書のフォームを見てきたが、どの銀行の「稟議書」もほぼ例外なく、まさにスタンプラリーといえるようにハンコの欄がきれいに整列している。また、そのために作成し、添付する資料の量も膨大である。

顧客である企業の経営者が、自分の会社の稟議書を見るとびっくりするに違いない。

自分が見たこともない人が、自分の会社や業界のことをいろいろと評論し、分析し、融資の決裁がされていることに。

銀行にとって、稟議書は、何のために作成するものであろうか。稟議書は貸出の意思決定をするために作成する資料であるが、現実はそうではない運用となっている。その証拠に多くの銀行で稟議書を作成しても、貸出案件が否決されることは、ほとんどないといってよい。銀行の文化によって、多少の違いはあるが、現実的には意思決定のための資料であれば、そのような現象は起こることはない。

実は、案件の意思決定は、稟議書を書く前に現場の調整によりすでにすんでいるのである。稟議書は、貸出の意思決定をするために作成する書類ではなく、「案件の責任を分散するための書類」となっているのである。

審査業務では現実としての「案件そのもの」ではなく、「稟議書」を審査している。「稟議書」を審査するということは、「稟議書」に書いてあることで貸出の方針を判断するということである。それを書いてこない場合は現場に責任を転嫁することもできる。案件の審査とは、書面に書いてあろうがなかろうが、今相談を受けているリアルな案件に対して、貸出方針を決めることである。この違いは、とても大きい。

企業経営者と銀行員における思考の逆転

「客観性と説明責任」が重視される意思決定は、誰もが銀行として必要であると感じている。では本章で指摘している「客観性や説明責任」が重視される意思決定がどのように、銀行の融資の意思決定を変化させているかについて見ていくことにしよう。

図表2－2は、銀行の一般的な案件審査における意思決定のフローを示したものである。

右側は、案件審査の教科書に書いてあるような顧客起点で考えた、あるべき意思決定のフローを示している。

図表2－2　案件審査の意思決定フロー

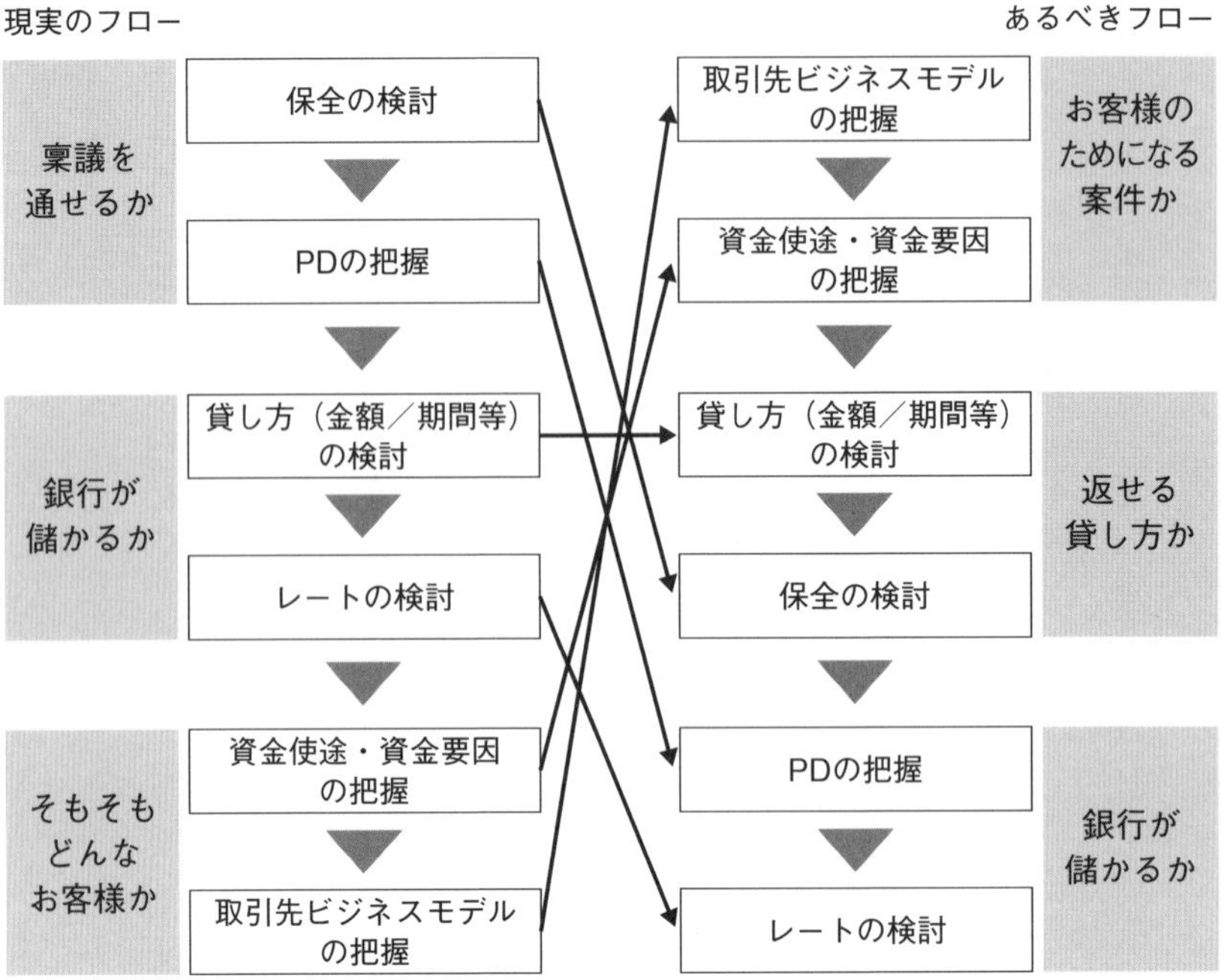

（出所）　電通国際情報サービス、VCF研究会資料（2012）

一方で左側は、実際の銀行員にヒアリングして作成した実際に行われている意思決定のフローである。

ここで発生する問題は、本来であれば右側のようなフローが求められるのであるが、現実の運用では左側のようなフローで行われてしまう。

なぜ、このようなことが発生するのか。理由は単純である。説明がしやすいものを優先しているのである。左側が「説明がしやすいもの→説明がしにくいもの」という順序になっているのに対し、右側は、その逆で「説明がしにくいもの→説明がしやすいもの」の順序になっている。

保全、つまり担保の評価は、不動産の評価を行えば、ある程度の客観性は確保できる。保証協会であれば、保証額が確定するのでなおのこと問題がないだろう。

ＰＤは、財務情報を登録すれば、財務スコアリングモデルが客観的統計の結果としてはじいてくれる。つまり、信用格付が決定されている。ここまでは、担当者自身としての判断さえ不要である。

貸し方や、金利は顧客との交渉が必要となり、担当者の腕のみせどころである。担当者にとって見ればできるだけ、多額の貸出を行って成績をあげたいので、保全と格付の範囲で、貸せるだけの金額と期間を融資条件として設定することになる。

その資金は何のために必要であったのか、または、その資金に融資先の企業はどのようなビジネスモデルを築こうとしているのかについては、最後に稟議書に記載するための情報として把握する場合もある。そのときには、担当者の腹のなかでは案件の方針は決まっている。

私も銀行時代に、すでに現場では貸出する方針が決まっている案件の稟議書を「そもそもこの会社は」と考えながら書き始めることを不思議に感じたものだ。しかし、そのことに慣れてくるとそういう疑問は次第に薄れていく。稟議書は、銀行内説明責任を果たすための書類であるという目的意識が刷り込まれていくのである。

さて、顧客である企業経営者側の資金を借りるときの思考はどのようなものか。

企業経営者には、目指したいビジネスモデルがあり、そのために、仕入れや設備投資を行うための資金を必要とする。そこで、資金調達計画が立てられ、担保や金利の条件について銀行と相談しながら考えていく。企業経営者の頭のなかは、右側のフローに近いのではないだろうか。

つまり、観察者となって結果や成果に対しての客観性や説明責任が求められている銀行と、当事者として、ビジネスを形にしていくプロセスを構築している企業経営者とは思考の順序や構造が異なっているのである。

企業と銀行の対話が失われていった原因には、人材や教育の問題、銀行の収益構造の変化、業務の多様化・複雑化などがあげられるだろう。しかし、本章で特に問題提起をしたかったことは、企業と銀行の対話が失われていった原因には、銀行側の「客観性と説明責任」の誤った運用による影響によるものが大きいということである。財務スコアリングモデルや、有利子負債キャッシュフロー倍率（債務償還年数）、業種区分という形式化された表記方法はそれ自体が誤っているわけではない。形式化された情報の限界を知りながらそれらの情報を活用しつつ、顧客やステークホルダーが欲している対話によって説明責任を果たしていかなければいけない。**顧客との対話は、相手をデータではなく、自分と同じ感情をもつ人間であることを受け入れることから始まる。**それを前提として、データやモデルを使いこなしていかなくてはいけない。

本章の冒頭にも述べたように、本来、企業経営者が「儲かる事業を行いたい」と考える場合と、銀行が「適切な貸出を行いたい」と考える場合には、意思決定における必要な情報に大きな違いはない。つまり、銀行の審査と企業経営は一体のものとしての目線と言葉を合わせていく必要がある。それが、最終的には信用リスク管理の強化にもつながるはずである。

たとえば、「審査」という業務、「信用リスク管理」という業務に対しても、銀行業務という視点をいったん離れて、企業や地域のバリューチェーンを構成する生態系全体のなかの一つの金融機能として眺めてみる。その時、どのような思考の変化がもたらされるであろうか。そのうえで、融資業務における、顧客との対話とはどうあるべきかについて考えていきたい。

企業と銀行の対話としてのコミュニケーションのデザインをどのように変えていくべきかについて、次の章から解き明かしていこう。

第四章　顧客のバリューチェーンにともに関わる「対話」の在りかた

◇対話のレベルにおける三つの段階

対話とは「ともに観る」こと

本書の「はじめに」で「対話とはともに観ることである」ということを述べた。本書では、「対話」とは向かい合って座ることではなく、寄り添って同じ席について同じ方向を観てともに考えるということとおいている。その状態は、顧客と銀行が対峙している状態ではなく、ともに寄り添って「一つになって」課題を解決しようとしている状態である。

顧客に与える影響度合いが特に強い業界の一つである医療業界では、患者とのコミュニケーションの取り方を見直そうという取り組みが行われている。ハンガリーの精神医学者であるサスとホランダーが提唱した医師と患者関係の類型というものがある。医師から患者に向かった対話の在りかたとして次の三つの発展段階があるという。

① 能動－受動型（activity－passivity）
医師が一方的に医療行為をする。
② 指導－協力型（guidance－cooperation）
医師は患者に説明し、同意を得たうえで医療行為を行うが、主導権は医師側にある。
③ 協同作業型（mutual participation）
医師と患者がお互いの情報を共有したうえで交渉し、方針について合意したうえで医療を行う。

患者の医療サービスに対する期待が変容するにつれ、協同作業型への転換が進展している。このモデルで、協同作業型の医療を実現するために必要となることは、医師の意識の変革であるといわれている。患者と医師の良好な関係を確立しそれを維持することは、医師自身の人格形成の努力が求められる。そのためのコミュニケーションの在りかたについて、医師たちは考え始めている。同様のことを銀行に当てはめるとどうなるであろうか。銀行業務では、顧客との「対話」をどのように考えていけばよいか。

この章では、顧客と銀行のコミュニケーションつまり、両者の「対話」の質をどのように高めていくかという議論を進めていきたい。

●「顧客から資金の相談を受けること」
●「顧客から経営情報についてヒアリングをすること」

●「顧客から決算書や借入申込書の資料の提出を受けること」
●「顧客から取引先を紹介してほしいとたのまれること」
●「顧客が残高や決済状況など自社の取引情報を確認すること」

これらは、すべて顧客と銀行の間で交される「対話」である。

顧客と銀行の対話のチャネルは随分と多様化してきている。店頭や渉外活動のほか、インターネット、コールセンター、ATMなどもコミュニケーションのチャネルといえるであろう。

銀行にとって、コミュニケーションは、顧客からの情報の収集手段であり、サービスの提供手段でもある。コミュニケーションは銀行の情報生産機能の中核をなすものであり、コミュニケーション業務をどのように設計するかは、銀行業務設計の中心課題でもある。どれだけ、重厚な顧客情報管理システムを構築しても、コミュニケーションによって得られる情報がなければ、それはただのハコにすぎない。

「対話」とは双方向のものである。双方向となる条件は「顧客から与えられる影響」と同等に「顧客に与える影響」にも関心を払うということである。この「顧客から与えられる影響」と「顧客に与える影響」とは、金融取引による双方の利益や損失のことだけではなく、コミュニケーションを通して、お互いの行動への影響も含まれる。品質の高い情報を得るためには、品質の高い情報を与えることが最も近道である。そのことが「ともに観る」対話につながる。

一方、銀行がよく使用する「コミュニケーション」の領域に関する言葉は次のようなものである。

●「営業」
●「交渉」
●「提案」
●「モニタリング」
●「督促」

どの言葉からも、双方向や対話というイメージをもちにくいのはなぜだろうか。

業務設計が、「顧客」ではなく「業務」を基準につくられているからである。その証拠に、先の銀行の言葉に「管理」という用語をつけると、業務の名称が完成する。

●「営業管理」
●「交渉管理」
●「提案管理」
●「モニタリング管理」
●「督促管理」

電通では、ビジネスにおける「コミュニケーションデザイン」という言葉がよく使われる。電通の説明によると「コミュニケーションデザイン」とは「企業と生活者、そして社会の間に存在するあらゆる課題を、コミュニケーションをもって解決するという視点、意識」というように説明している。また、「コミュニケーションデザイン」とは、どのようなラブレターを書くかということだけでなく、どのような環境で渡すのがベストか、ラブレターという方法がコミュニケーションの手段として最適であるか、といったことをトータルで考え、最良の環境を設計（デザイン）していくことである。

では、銀行における、「コミュニケーションデザイン」とはどのようなものか。

他者である「誰か」――「お金レベルの対話」

銀行員は、一般的に「観察するもの」として自分の役割・立場と、「観察される対象」としての顧客を切り離した思考をしている。つまり、顧客を「観察される対象」として、他者である「誰か」としてとらえている。「誰か」である顧客は、自分の銀行に対して、金利や手数料を支払うことによって収益をもたらし、時には債務の不履行などにより銀行に損失をもたらす。渉外マンにとって顧客とは、自分のノルマを達成してくれる「誰か」である。審査マンにとっては、顧客はリスクを観察・評価する対象としての「誰か」である。銀行員が当たり前に使っている「ネタ」「獲得」「審査」「評価」「格付」などの言葉は、銀行員が、顧客を評価・判断する対象である他者である「誰か」としてとらえていることを端的に表している。

銀行が行う、営業活動や信用リスク管理は、「誰か」である顧客からのプラスの影響は受けいれたいものだが、マイナスの影響を受けたくないという立場から実施される。

顧客に対する提案営業活動は、それによって貸出や預金、または関連取引が拡大し、銀行の収益を向上するために行うものである。また顧客に対して、財務分析などの実態把握を行うことは、貸出資産が毀損することがないように行っているリスク管理として正当な活動である。

（読者は、ビジネスをやっている事業者はみな同じであり、何を当たり前のことをいっていると感じているかもしれない。しかし、このまま議論を進めさせてほしい）

一方で、企業の経営者は何を考えているのであろうか。企業経営者は銀行に対して、事業の成功のために資金を貸してくれるのか、つまり自分に対するプラスの影響を及ぼすかどうかというやはり他者である「誰か」という視点で見ている。また、金利や手数料はできるだけ少ないに越したことはないが、そのサービスをかわりにやってくれる事業者がほかにはいないので、仕方なく金利や手数料を支払わなくてはいけない対象として銀行を眺めている。

この状態の顧客と銀行のコミュニケーションの状態を「お金レベルの対話」とよぶことにする。

「お金レベルの対話」

●企業経営者の思考

銀行はお金を借りるところ、または預けるところである。資金が必要だから、銀行に相談にいくのであり、資金が必要なければ銀行には用はない。資金を借入するためには、仕方なく決算書や事業計画を提出したりするが、それはあくまで、そうしないと借入ができないからであって、それ以上のことについて相談しようとは思わない。できれば、悪い情報は見せたくない。

●銀行員の思考

顧客は、資金に困って相談してくるのだから、資金を提供することが銀行のサービスであり、われわれにとってはそれが収益源でもある。倒産をしそうな企業には融資はしてはならないので、決算書や事業計画などで、内部の業務としてチェックはしておきたい。

この状態は、銀行と顧客の対話としてはごく自然なことかもしれない。企業と銀行は、他者である「誰か」どうしとしてお互いがお互いを必要としている関係がある。決して離れることはないが、お互いに情報の操作や、勘繰りを行ったりしてゲームを続けている関係である。このような関係では資金を必要としなくなった企業経営者は、銀行を頼りにしなくなるので、離反するに至るハードルも低い。まさに、「金の切れ目が縁の切れ目」という状態が企業と銀行との間にも存在している。

さて、ここで考えてみてほしい。顧客が銀行に情報を隠したがる行動をとろうとする真の原因は、銀行の側にあるとはいえないか。また、顧客が銀行を頼りにしていない理由も銀行側にあると考えることはできないか。企業経営者はなぜ、粉飾決算を提出しようとするのか、なぜアポイントをとってもすっぽかされるのか、なぜ本当の事業計画書を提出しようとしないのか。

銀行が影響を与えている企業経営者の立場に立って、銀行を見ると何が見えてくるだろうか。人や組織は一般的に、自分たちが影響を与えられていることには敏感ではある。しかし、他者としての「誰か」に与える影響に対しては鈍感である。

銀行員の靴を脱ぐ――「事業レベルの対話」

顧客との「対話」において相手の立場になりきるということが難しい。相手の立場に立って話していると思っていても、実際は相手の立場に立ったふりをしている、または立ったつもりになっているということが多い。その難しさは、たとえば、「わが子をもったことによって初めて自分の親の気持ちがわかる」であるとか、「実際に会社を経営してみたときに初めて経営者としての孤独や、苦しみがわかる」ということに近い。

「相手の身になる、相手の立場に立ってみる」ということを、米国のことわざでは〝put yourself in their shoes.〟という言い方をする。「自分の靴を脱いで、相手の靴を履く」ということだ。アメリカインディアンには「相手の靴を履いて千里の道を歩かなければ、相手のことはわからない」という教えがある。インディアンの履物は、獣の皮でできているので、その形は、人によってそれぞれ違っている。痛い思いをしてその靴を履いて、かつ千里の道を実際に歩いてみて、初めて、相手の痛み・喜びを自分のものとして感じることができるというのだ。

どうして、収益があがらないのだろうと悩んでいる銀行員に対して、私は「一度、銀行員の靴を脱いでみませんか」と問いかけるようにしている。**銀行員の靴を脱いで、顧客の靴を実際に履いてみて、外から自分たちをみ**

つめてみませんかと。

「靴を脱ぐ」ということに関してある銀行員が私にしてくれたエピソードがあった。その方が、自分が仕事をしている銀行の在りかたについて、ふと気づかされたきっかけは、わが子の運動会に参加したときであったという。まさに銀行員の靴を脱いで、スニーカーをはいていたときだ。そのとき、たまたまわが子の友人の父親に取引先の社長の方がいて、なんとなく仕事の話題になった。その銀行員は自分の勤めている銀行に対して、どのように感じているかについてそれとなく聞いてみたという。

その社長は、銀行の担当者に対する期待や不満を率直にぶつけてきた。その話を聞いて、自分の銀行に対する期待されていることや、自分の仕事の在りかたについて、考えるきっかけになったということである。

銀行員の読者であれば、親戚や友人との会話など、自分の勤めている枠から離れた、日常の生活という空間のなかで自分の銀行のことが話題になり、ふと気づかされた経験があるだろう。**生態系の部分であるあなた自身とその所属する銀行は紛れもなく、その、日常の生活という空間に大きな影響を与えている。**

私自身にも顧客の立場に立つということの難しさについて、銀行員時代に、考えさせられた苦い経験がある。ある営業店で、自分が担当していた取引先の信用状態が悪化し、自分が勤めている銀行ではどうやっても追加で資金を貸せないという判断になった。あるとき、運転資金の申出に対して、「うちでは無理なのでメイン銀行さんで借りてください」といって、やむなく丁寧にお断りをした。しかし、その会社はメイン銀行からも借入の申出を断られたらしく、社長は決済日が迫るなか、困窮して再度私のところに相談にきた。そのとき私は、なんとかその社長の力になれることはないかと考えた。そして、自分の銀行では融資することはできないので、かわりに資金を借りるときの「資金繰り表」や「事業計画書」のつくり方を指導してあげるということを行ったのである。そのあとメイン銀行から決裁が下り、そのときには「おかげで何とか乗り切ることができました」と涙ながらに感謝をされた。しかし、それから程なく、その会社は倒産してしまったのである。

私は後になって、そのときの会社の状況であれば、どこの銀行であろうと資金を借りてはいけない状態だったということに気がつく。また、企業が事業を終わらせようとするときこそ、取引銀行としての役割が最も重要なときであるということも。そのとき、自分は銀行員として、顧客の立場に立って考えたつもりであったが、本当の意味で顧客の立場に立っていなかった。銀行員が顧客の立場に立つということは、ただ顧客の資金ニーズに対応することではなく、事業や経営の視点からともに考える必要があるということだと。

銀行は、貸出という業務を通して、企業の事業機会を提供する。またときには、その逆に事業の機会を奪うこともある。この当たり前のことに気がつくと、銀行と企業の対話の質は変わってくる。それが「事業レベルの対話」の状態である。

「事業レベルの対話」

●企業経営者の思考

本当にこの事業を行ってうちの会社は儲かるのだろうか、もっと借入を減らすには、どうすればいいのだろうか、事業がうまくいっていないとしたら、どこを改善すればよいのだろうか。いつも、融資のお願いと金利の引下げの要望ばかりしてたが、今度は銀行には事業のことなどちゃんと相談してみよう。

●銀行員の思考

経済の構造が変化し、ビジネスモデルは多様化している。そのなかで変革のためにもがいている企業を自分が担当している。この会社を成長させるには、自分や銀行はどのようなサービスを提供することができるのか。どうやら、資金の提供を行うだけでないようだ。この会社の事業をもっとよく知るところから始めよう。

銀行との「お金」の関係を乗り越えて、顧客の「事業」にまで関心が及んでいる。この対話は、相互に思考の状態に影響を及ぼしあっている状態である。両者が相手の立場に立って自分を見ようとする視点をもつことによって、その状態が生まれている。企業経営者の視点に立ってみると、企業経営者の課題や悩みはもちろん「お金」のことだけではない。銀行が顧客の事業に関心が向いたということは、「ともに観る対話」の入り口に立ったということである。このとき、お互いがお互いを他者である「誰か」としてみていた状態から、相手と自分を一体となった「われわれ」という状態へと変化している。

私も銀行員時代は、よく上司から「お客さんのことを好きになれ」といわれたものである。相手のことが好きにならなければ、相手の考えていることに関心は向かない。シンプルな言葉ではあるが、「ともに観る」ということを実現するための、わかりやすいアドバイスであったと今になって思う。

「われわれ」の将来の視点に立つ――「経営レベルの対話」

この「ともに観る」という状態が深まっていくと両者の対話には、新しい視点が現れる。これまでの企業と銀行の対話は、過去と現在を客観的に評価、観察していたに過ぎない。「われわれ」という状態に達すれば、自分事（ごと）と相手事（ごと）の区別がなくなり、将来に向かって「われわれ」は今何をすべきであるかという時間軸の視点が表れる。つまり企業と銀行、またはその関係者を含む人々の「われわれ」の将来からの視点に立って、現在なすべき「対話」とは何かについて気付かされる。それは企業経営者に対して「経営」そのものに向き合うということである。より深いところには、企業経営者の生き方としての「自己実現」も含まれるかもしれない。

その課題に向き合っている状態を「経営レベルの対話」とよぶことにしよう。

「経営レベルの対話」

●企業経営者の思考

この会社を息子に継がせるべきだろうか。いや、自分はなんのために、事業をやっているかについて、息子にその思いを伝えていたのだろうか。自分は社員や取引先、銀行の力を借りて何を成し遂げたいのか。メインバンクに、当社をここまで支援してくれたパートナーとして相談しにいこう。

●銀行員の思考

長くメインバンクとして取引をしてきた担当先企業の経営者が、今、業績不振と後継者問題で悩んでいる。この企業と自分たち銀行は、お金というサービスを通して、顧客や地域に多大な影響を与えあって、この地域を支えてあってきた、お互いが当事者である。この経営者が抱えている課題を解決することは、自分たちの役割であり、何ができるかをわれわれも経営者とともに考えていこう。

企業経営者と銀行の「対話」のレベルが「お金」→「事業」→「経営」というように変化していくとともに、対話の視点が変化していったことに気がついてほしい。

最初は、お互いを「誰か」として企業と銀行が向かい合ってゲームを行っていた関係から、寄り添って「われわれ」の課題をともに考えるという行動へと変化していった。つまり、顧客と銀行が「ともに観る」対話を行うことで、企業と銀行との境界を乗り越えることができたのである。「ともに成長を支えあう」というバリューチェーンファイナンスは、このような「対話」が営業の現場において、なされていること、なされる組織や業務が効率的・効果的に設計されていることによって実現するものである。

図表2－3は、銀行と企業の対話が、どの領域で行われているかを氷山のイメージで表したものである。

企業と銀行の間で発生する取引の事象は、たとえば、「借入」などの資金取引である。つまり、「お金のレベル」の課題を解決することである。これは、氷山でいうと海水面から上の見えている部分だ。しかし、その下の

図表２－３　企業経営者と銀行の関連性の氷山モデル

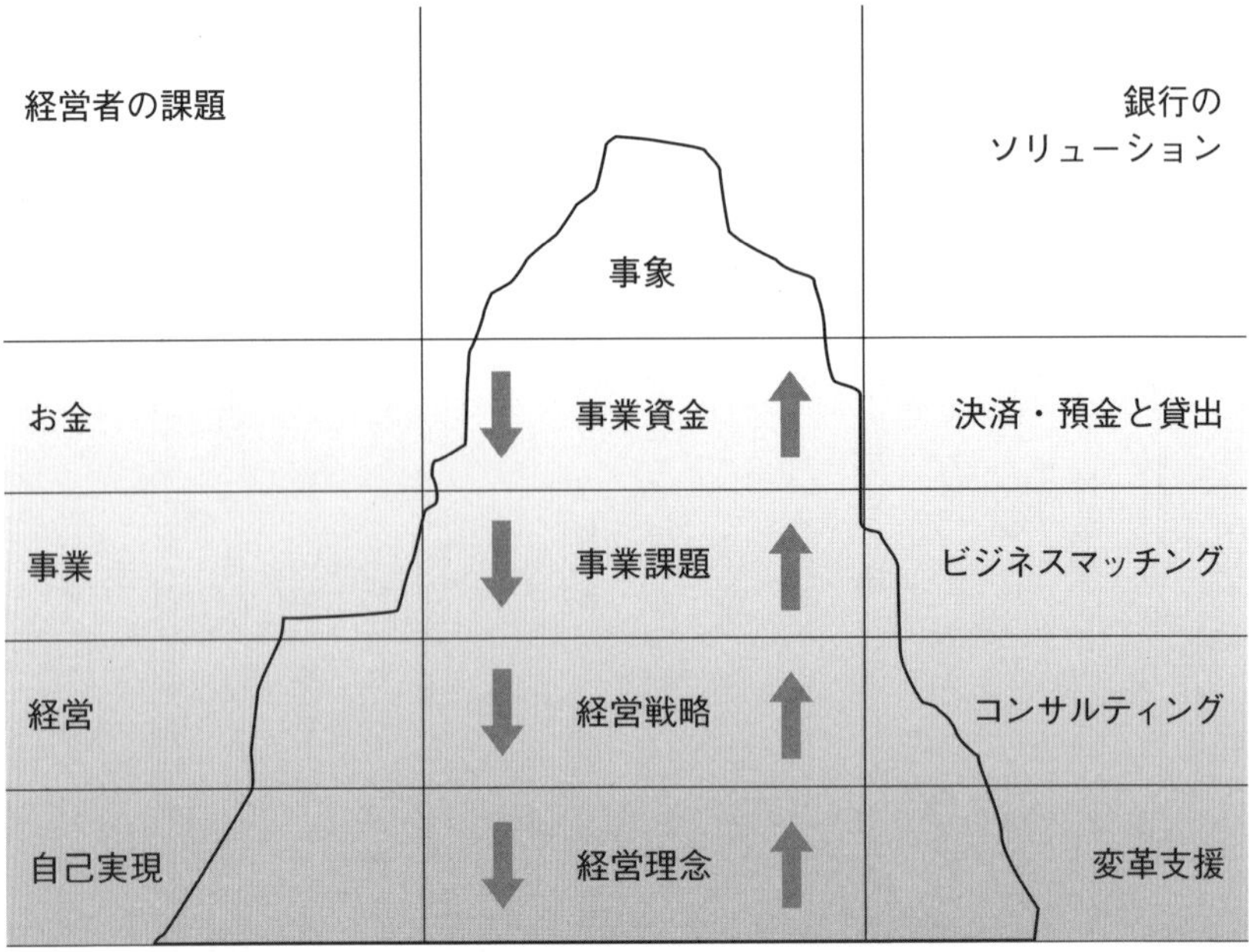

（出所）『U理論』（英治出版、2010年）191頁を参考に金融機関のモデルとして筆者作成。

見えていない部分にこそ企業の課題がある。企業と銀行のコミュニケーションの質とは、その見えない部分の課題に対して、どの深さまで向き合っていくかである。その向き合う、対話の深さによって、銀行が行うサービスやソリューションの質も変わっていく。

さて、もし読者が銀行員であれば、問いかけをしてみたい。

●あなたの顧客は、どのレベルであなたに相談しようとしていると感じているか？

●あなたは、どのレベルであなたの役割をとらえているか？

●もし、あなたの顧客が「お金のレベル」の対話であれば、「事業」や「経営」のレベルの対話で深めるべきであると感じているか？

●そして「事業」や「経営」を深めることが

できないとしたら、何がその実現を妨げているか?

●その実現を妨げている問題の片棒を担いでいるのは、あなた自身ではないか?

読者のなかには、銀行が「事業」や「経営」の課題に向かうことはなるほど必要であろうが、それは、銀行業務の本分ではない、またはきれいごとであるというような、あきらめや皮肉めいた感想をもった方も多いと思う。自分は自分として組織のなかで、役割を果たしていけばよいのだと。

しかし、「お金レベルの対話」のみのコミュニケーションだけで、今日の問題構造が複雑化した中小企業や地域経済の問題、ひいては銀行経営の問題が解決しないことは、過去の二〇年間で証明されている。

これまでの「お金のレベル」の対話をベースとしたビジネスモデルが、問題であったわけではない。銀行が長い歴史のなかで積み上げてきた、伝統的な営業スタイルや、「お金」を扱うものとしてのプロフェッショナリズム、また今日形成されている高度化されたリスク管理の土台として、崩してはいけないものが多い。

しかし、今日の日本や地域の生態系が抱える、構造的問題は「お金」の問題だけでは解決できない状態にまで達してしまっている。そして、銀行は構造的問題を観察する者ではなくその状態をもたらした当事者でもある。つまり、**銀行にとっての顧客とは「誰か」ではなく自分が部分を構成している「われわれ」である**。

本章の事例で示した、「お金」、「事業」、「経営」それぞれのレベルの課題を抱える、経済の構造変化に追随できずに苦しんでいる中小企業経営者そのものである。そして、いつもその近くに相談相手としての課題解決を期待されていた取引銀行つまりあなたが存在していたはずである。

◇事業・経営レベルの対話を高めていくための処方箋

企業の「事業」、「経営」の課題に向き合うための定性情報

それでは、「お金」のレベルを超えて、銀行員が「事業」や「経営」のレベルで企業と対話していくには、どうすればよいのだろうか。その第一歩は、銀行員が、「事業」や「経営」のことについて企業経営者と同じ言葉を使って対話を行うことである。

銀行員が取引先の経営を知るうえでの、最大の情報は「財務情報」である。数字で表せるものが多いので銀行ではよく「定量情報」という言い方をする場合もある。財務情報である程度までは経営の実態を把握することは可能であるが、そこには限界がある。それは「財務情報」は過去の業績としての結果を示すものでしかない。第三章で、銀行の「客観性で説明責任」を優先して、「財務情報」を中心とした「定量情報」中心の形式主義がどのような課題を生み出しているかについて説明をしてきた。

企業経営者と「事業」や「経営」のレベルで「対話」をするときに、業績としての結果ではなく、「この企業はどのような強みや弱みをもっているのだろう」または「どのような行動が、業績に影響しているのだろう」というような視点をもつと、必要となる情報は異なったものとなる。これらの情報は、数字で表せないものが多いため「定性情報」といわれている。これも第三章で記述したが、銀行は「客観性と説明責任」を果たしにくい定性情報を取り扱うことを避けてきた経緯がある。当局が、リレバン・アクションプログラムや、金融検査マニュアル、中小企業金融円滑化法で銀行が、「定性情報」に対して「目利き力」を養成し「コンサルティング機能」

図表２－４　銀行が取り扱う企業情報

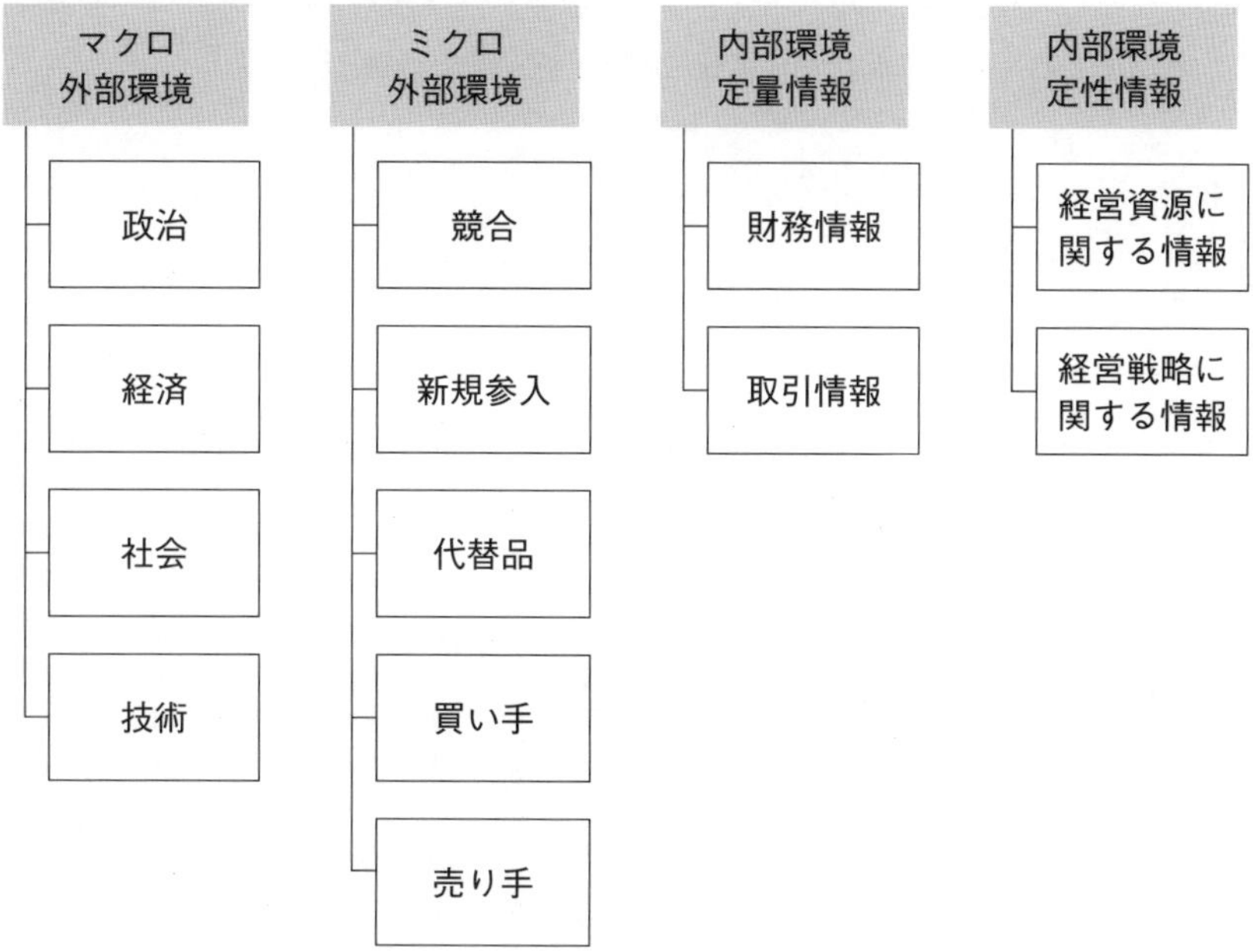

（出所）電通国際情報サービス、VCF研究会資料（2012）

の強化を図るようにと指導を継続しているにもかかわらずである。

銀行員が経営のレベルでコミュニケーションを行うことができれば、「目利き力」は結果的に養われる。しょせん、銀行員は事業のプロではない、企業とのコミュニケーションを通して、企業から教わっていくものでしかない。だから銀行は企業の経営者と、経営のことについて対話をする言葉からあわせていく必要がある。

ここからは、銀行員が「事業」や「経営」のレベルでの「対話」実現するために、これまで、銀行員が扱おうとして扱いきれていなかった、「定性情報」の見方について解決の方向性を示していきたい。

「定性情報」という言葉はあいまいな表現であり、使う人や使う局面によって定義が異なる場合があるので、ここで改めて定義して

図表２－５　対話のレベルと取り扱う情報

対話のレベル	取り扱う情報	取り扱う情報の例	銀行の ソリューションの例
お金	定量中心	財務情報 資金繰り	決済・預金貸出
事業	定量＋定性	事業計画 経営資源	ビジネスマッチング コンサルティング
経営	定性中心	経営理念	事業承継

おこう。

企業に関する情報は、外部環境情報と内部環境情報に区分される。外部環境情報とは、「企業の外部にあって企業が直接コントロールできないもの」と定義すればわかりやすいだろう。外部環境を、政治・経済・社会・技術に関係する影響を受けるマクロ外部環境と、自社との競争環境に直接影響を与えるミクロ環境に分ける。

内部環境情報は定量情報と定性情報に区分される。定量情報とは、決算書をベースとした、財務情報や預金や貸出の残高等の取引情報である。

内部環境のうち、「経営資源に関する情報」と「経営戦略に関する情報」が「定性情報」である。「経営資源に関する情報」とは、技術力や販売力などの企業の強み・弱みを表す経営資源の情報である。また「経営戦略に関する情報」とは、経営方針や戦略など、その企業が将来に向かっていこうとする姿としての情報である。

これまで、企業経営者と銀行員の対話のレベルが「お金」→「事業」→「経営」へと深まっていくという説明を行ってきたが、この対話のレベルの深まりによって、「定性情報」の比率はあがっていく（図表２－５）。

これは、企業経営者と目線を合わせてより深い対話を行って、定性情報が不可欠となっていくことを示している。

「定性情報」と「定量情報」は事業活動における「振る舞い」と「結果」と言い換えることができる。みなさんが、健康診断を受けるときに、タバコを吸っているか、お酒は飲んでいるか、運動はどの程度の頻度で実施しているか、などというアンケート項目にチェックをしていると思う。これが定性情報である。一方で、定量情報とは、その結果としての「血糖値」や「体脂肪率」である。

「結果」を改善するには、「振る舞い」を変えていくしかない。血糖値を下げようと思えば、食生活の改善が必要であり、体脂肪率を下げるためには、適度な運動をしなくてはならない。

企業にとっても、「結果」としての、売上や収益をあげるためには、「振る舞い」としての新製品開発や、人材育成などが必要である。銀行員が、事業や経営のレベルでの対話をとろうとすればするほど、定性情報が重要となってくる。

つまり、「現在の定性情報」は「将来の定量情報」を形づくるものであり、「現在の定量情報」は「過去の定性情報」によって成り立っている。「定性情報」と「定量情報」は区分して考えるものではなく、「振る舞い」と「結果」を一体としてとらえたい。

企業評価の空白地帯

図表2－6は、銀行でよく利用している、企業を評価する手法をポジショニングしたものである。図を見てわかるとおり、その大半は、定量情報を中心とした「デフォルト予測」の領域で用いられている。

銀行では定性情報の評価は一部実施されているが、デフォルトの予測が目的となるため、「販売先が倒産して

図表2－6　企業評価の空白地帯

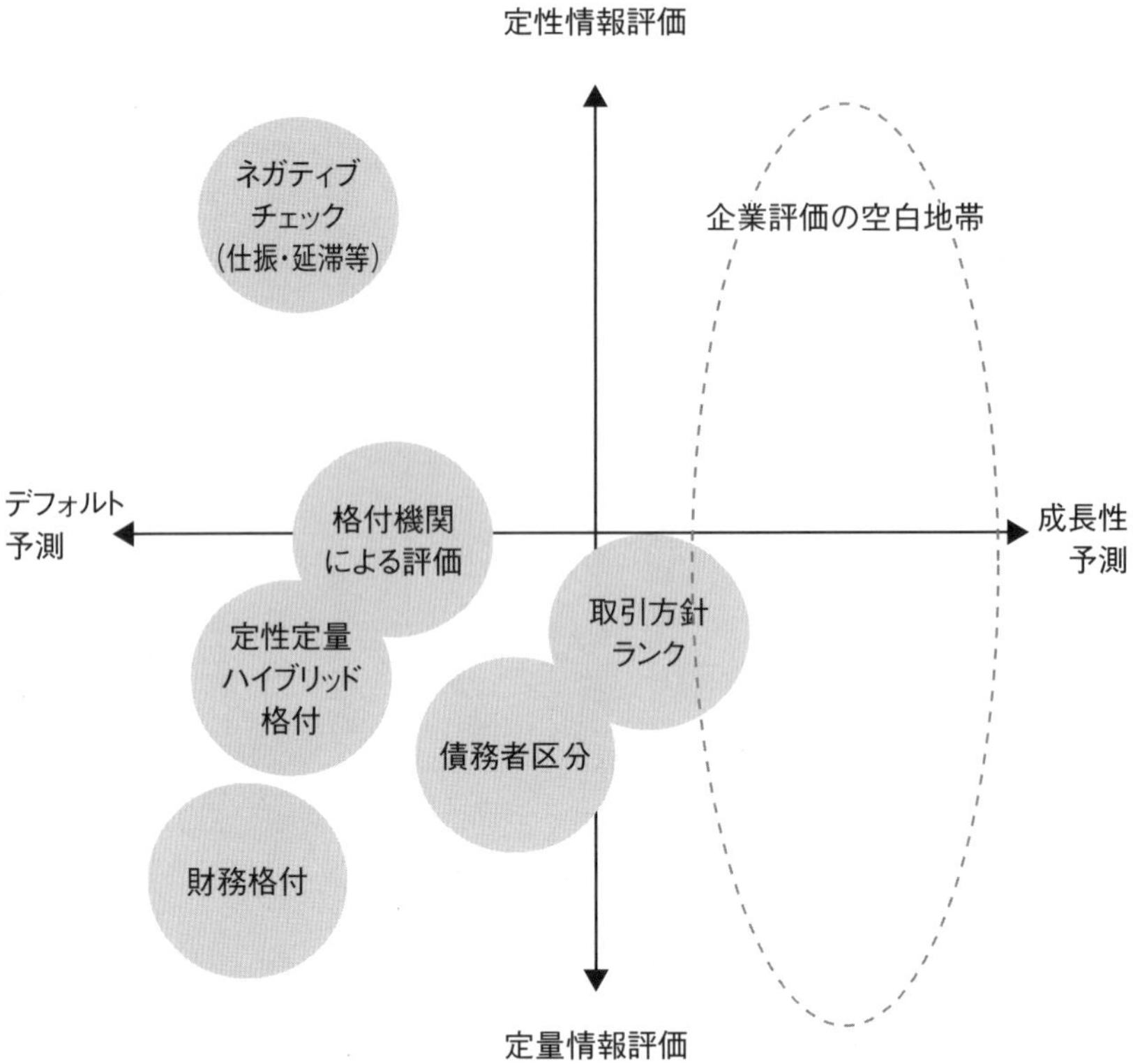

（出所）　地域金融リレバン力強化研究会（2009）

いないか」、「経営陣の不和はないか」など、粗さがしにも似たネガティブチェック的な項目が主である。

一方でポジティブな要素として、「この企業は成長しそうだ」というような、企業の成長性を評価する要素は、ほとんどない。いわば「企業評価の空白地帯」ともいえる状態である。企業の定性情報分析としてＳＷＯＴ分析や、バリューチェーン分析のフレームワークを用いて、企業評価を試みている銀行も一部に存在しているが、これらの運用は難易度が高いため業務として定着しているケースは少ない。

銀行で定性情報が活用されない理由

私も銀行員時代に、定性情報について考えさせられる経験をしたことがある。

担当していた取引先企業の経営者からレストラン出店の新事業について融資の相談にのることになった。その経営者は、新事業には相当の力を入れており、ユニークなメニューを開発したり、有名なシェフを引き抜いたりといろいろ努力をしていた。銀行員であった私は、新事業であるだけに、繁盛店になるかどうかが融資の判断要素として重要になるので、開店前の新メニューの試食会に招いてもらった。そして、その感想を貸出の意思決定を行う稟議書に次のように記載した。「味は良好であり、繁盛の見込み高し」と。

しかし、当時、本部からは次のように指摘を受けた。「料理がうまいかどうかなんて、個人の好みだろう。それをもって、融資決定の判断材料にすることはできない」

当時、私は、「なんて頭の固い連中なのだろう」、と憤慨をしていた。しかし、残念ながらその本部の指摘は正しかった。その店は、開店後あまり繁盛することなく、二年を待たずして閉店に追い込まれたのである。

ここでいう、料理の味は「定性情報」であり、その店の売上げは「定量情報」である。料理の味は評価が分かれるが、売上げという数字はウソをつかなかった。一方で、料理の味という定性情報は扱いにくいものであった。

私は多くの銀行と定性情報の取扱いについて意見交換を行ってきた。それを受け、銀行が定性情報を用いたがらない要因を以下のようにまとめてみた。

① 評価のモノサシがあいまいである

定性情報は、財務情報のように誰が行っても同じ評価が得られるものではない。先の例でいえば、レストランの味を定量化して評価することは困難である。レストランに星をつけることを生業としている専門家もいるが、はたして銀行員にその能力を求めるのは酷というものだろう（まして、私には無理であった）。

定性情報の評価は恣意性も働きやすい。私が経験したレストランの例では、日々懇意にしている取引先の経営者が、気合いを入れて試食会を開催するとなれば、その味もおいしいと思いたくもなるというものだ。貸出案件を伸ばしたいともなれば、なおさらのこと「うん、うまいに違いない」と自分に言い聞かせていたかもしれない。企業経営者のほうは、銀行からよい評価を得るために、当日は材料を厳選し、調理も念入りに行っていた可能性もある。

② 何を評価すればよいかがわからない

これも、銀行員のスキルに関する問題である。たとえば、レストランの評価基準は、味や従業員のサービスだけではなく、新規性、店舗の雰囲気、メニューの充実度、立地条件、商圏構造など、目利き力を利かせるポイントがある。先のレストランの事例でいえば、少なくとも私にはそのようなレストランのよしあしを目利きできるだけの知識と経験はなかった。

③ デフォルトとの因果関係を説明しにくい

銀行が与信管理上最も気にしているのは、倒産などのデフォルトに対する予測の精度である。第三章でも示し

たが、定性情報はその状態に至る前の先行指標でありデフォルトとの因果関係は強くない。レストランの事例でいえば、

(i) 味やサービスの品質が悪化する
(ii) 客足が途絶える
(iii) 赤字になる
(iv) 資金繰りが苦しくなる
(v) 倒産

というような順番で信用悪化が進展する。このなかで、デフォルトの予測に対する説明力を最も表す指標はといえば、より因果関係が直接的な「(iv)資金繰りが苦しくなる」である。したがって、デフォルトを予測するうえでは、資金繰りが苦しくなることを表している事象として、より直接的な財務情報としての、赤字や債務超過の状況をとらえることが有効である（しかし、これは赤字や債務超過の会社に対して、「倒産確率が高い」という説明をしているにすぎない。つまり、癌細胞が見つかったことで癌だ、というような）。

④ コストがかかる

顧客と銀行の「情報の非対称性」を解消するためのコストとしてのエージェンシーコストの問題については、第二章で触れたが、ここでは、それが制約となって現れる。銀行員に「目利き力」を養成していくには、時間や労力がかかる。そのための、教育や研修のコストも大きい。さらに、顧客情報を蓄積し管理するために、CRM（Customer Relationship Management）のような仕組みを構築するには、相当額の投資が必要となってくる。しか

図表2－7　長期的に不確実な効果に対してはモチベーションは働きにくい

行　動	結　果	効果が出るタイミング	効果の確実性
タバコを吸う	リラックスできる 味がおいしい 仕事が一服する	短期的に効果あり	確実な効果
タバコをやめる	寿命が延びる 口臭がなくなる お金がたまる	効果が出るまで時間がかかる	不確実な効果
押し込みセールスをする	評価にひもつけた分だけ残高・件数が伸びやすい	短期的に効果あり	確実な効果
課題解決型の営業をする	顧客満足や地域貢献により、まわりまわって収益があがる	効果が出るまで時間がかかる	不確実な効果
財務情報中心の企業評価	標準的な企業評価ができる	短期的に効果あり	確実な効果
定性情報を加味した企業評価	実態に迫った企業評価ができる	効果が出るまで時間がかかる	不確実な効果

（出所）　電通国際情報サービス、VCF研究会資料（2012）

し、そのＣＲＭシステムを構築しても情報のハコができただけであり、そこに銀行員がお客様からヒアリングをして、残業をして情報を蓄積するには、さらに膨大なコストがかかる。手間暇かけて情報の収集や、そのための教育やシステム構築にコストを使っても、銀行の収益に直結しないと銀行の経営者はなかなか動かない。

⑤　効果が不確実かつ長期的である

行動経済学では「短期的に確実に業績効果が出しにくい取り組みには、組織的モチベーションは働きにくい」といわれている。つまり、定性情報の評価にもこれが当てはまる。定性情報を加味した企業評価による効果は「長期的に、不確実」であり、「タバコをやめられない理由」と同様、モチベーションは働きにくい（図表２－７）。

企業を観るポイントは、過去・現在から将来へ

では、銀行員に「定性情報」が活用されない、ひいては企業経営者と銀行員が、「事業」や「経営」レベルの対話が行われなくなっている問題はどのように解消していけばよいだろうか。この後、この「定性情報」の取り扱いについて、いくつかの先行的な事例を紹介するが、その前置きとして、そもそもの企業評価の視点が、どのように時代とともに変化してきたかについての見解を示しておきたい。

ポイントは、企業評価の視点が、「過去の評価から将来の評価」へと移り変わってきたことである。

銀行の企業評価は伝統的に「粉飾決算の見抜き方」的な財務分析の技術としてさまざまな手法が開発されてきた。そもそもバブル以前は、企業が倒産すること自体がまれなことであり、今日のような、激しい貸出競争もなく、銀行は融資先をある程度選別することができた。企業のビジネスモデルも安定しており、業績の変化も今日ほどダイナミックなものではないため、過去の業績を評価することで、その企業の将来の債務償還能力は、ある程度妥当な評価もできていた。しかし、そのなかでも唯一、財務分析の落とし穴としてあったのが粉飾決算であった。

私も銀行員時代に、若手行員向けなどに財務分析の研修講師をした経験があるが、財務分析での主要なテーマとしていたものは「粉飾決算の見抜き方」であった。債務超過の決算書のサンプルを公布して「銀行から融資が

受けられるような黒字の粉飾決算書を作成せよ」という課題を与えたりしていた。それを今考えれば、気恥ずかしい。

粉飾決算を発見することは、それだけでは金融機能として十分とはいえない。それは、過去に対してウソがあったことを見抜く手段にすぎず、それだけでは、企業が将来どうなっていくか、どうしていくべきかという関わりがないからである。銀行が観察者・評価者として、企業を他者である「誰か」ととらえている関係から抜け出てもいない。

銀行の企業評価手法も、経済背景とともに変化してきている。経済が成長していた時代は、調達した資金を投資すればほぼ収益があげられる時代であり、資金調達の安定性やバランスに着目した「資金運用表」分析がよく用いられてきた。つまり、安定した資金調達ができることが企業存続の要件として特に重要だったのである。

しかし、バブル崩壊とともに、企業評価は運用資産の価格の変動に着目するようになり、「実態バランス」という分析手法が登場する。時を近くして、会計基準も時価会計の導入が進展する。このころから、企業評価では「過去」だけではなく、「現在」にも着目するようになってきた。

さらに、金融検査マニュアルやBIS規制対応としてキャッシュフローでの償還能力をより定量的に表現する必要が高まり、キャッシュフロー分析や債務償還年数という分析手法が用いられ始める。これらの企業評価手法は、「将来」の債務の償還能力を見積もるためのものであるが、用いているキャッシュフローなどの情報は、「過去」の情報をベースにしていた。つまり、企業の「過去」の情報を用いて、その延長線上にある「将来」を評価していたのだ。

そして、今日ビジネスモデルや市場環境がダイナミックに変化していく時代を迎え、過去や現在の情報だけを

図表２－８　銀行における企業評価手法の変遷

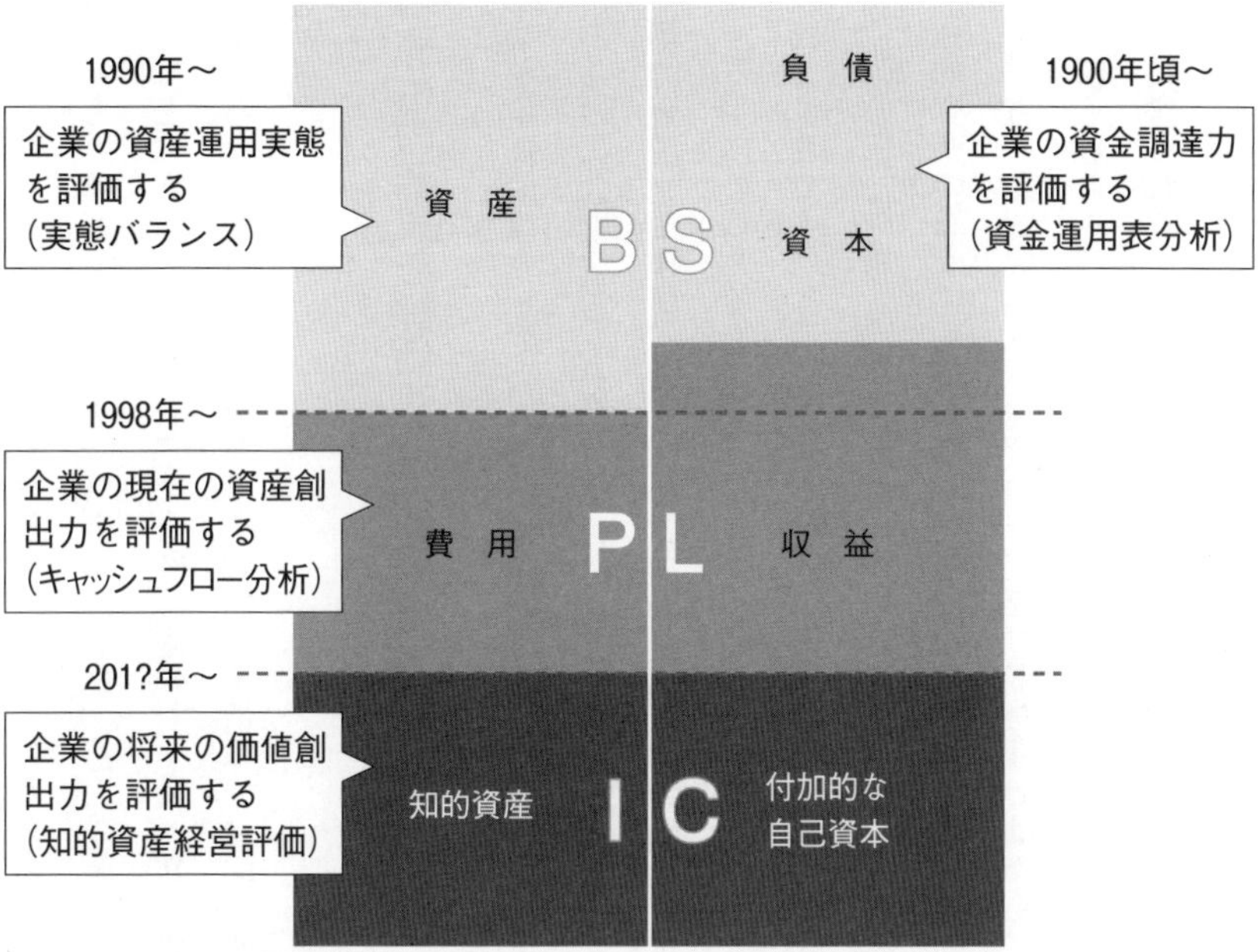

（注）　BSは貸借対照表、PLは損益計算書、ICは知的資産（Intellectual Capital）を表す。
（出所）　電通国際情報サービス、VCF研究会資料（2012）

ベースにした企業評価手法は限界を見せ始める。高度成長期の企業、成熟期にある安定企業、市場の変化にさらされにくい装置型産業などは、〝将来の分析の代替としての過去の財務分析〟は有効であった。しかし、「将来が過去の延長ではない」企業では、この分析が有効ではなくなってきたのだ。

企業を中長期で支援していくために必要なモニタリングのポイントは、「将来」に向かっての変化の兆候をとらえ、コントロールしていくための「先行指標」をとらえることにある。そして、多くの先行指標は、財務情報ではとらえることができないため、「定性情報」が必要となってくる。

銀行が、企業と「事業」や「経営」のレベルの対話を求めていくためには、恣意性が働きやすく、扱いにくい、不確実な情報でもあるけれども、企業の将来の価値を予測するための定性情報と向き合っていく必要がある。

もっとも、顧客である企業経営者の関心は、過去の業績よりも将来に向かっての戦略策定や経営課題を解決していくことにある。リスク管理や営業推進に対する、銀行にとっての関心も、企業経営者にとっての関心も本質的なところは変わらない。問題はその両者が情報や目的を共有する言葉での対話がなされなかったことである。

競争優位の源泉を評価する「知的資産経営評価」

企業が定性情報としての自社の「強み・弱み」を表現するフレームワークに、「知的資産経営評価」という手法がある。「知的資産経営評価」とは、財務業績を生み出す原因としての企業が競争優位の源泉となる経営資源を「知的資産」と呼び、企業経営者がその「知的資産」の状態を把握することによって、経営の道標としていこうとする手法のことである。

図表2－8でICと示している部分が企業の将来価値を評価する知的資産である。

「知的資産」によく似た言葉に「知的財産」というものがあるが意味するところは、やや異なる。知的財産は、知的資産のなかでも特許権や著作権など、法律等で権利が守られ客観的な評価ができて売買ができるものを指す。一方、知的資産は、技術力やブランドだけではなく、ノウハウや業務プロセス、人材、組織力などの経営資源を広くとらえ、企業の将来のキャッシュフローを生み出す源泉として評価していく。「知的財産」は「知的資産」に含まれる一つの要素と考えればよい。

知的資産経営評価はどの業種にも共通に使える構造化された経営評価の体系をもっているため、業種・業態を

図表２－９　知的資産の分類イメージ

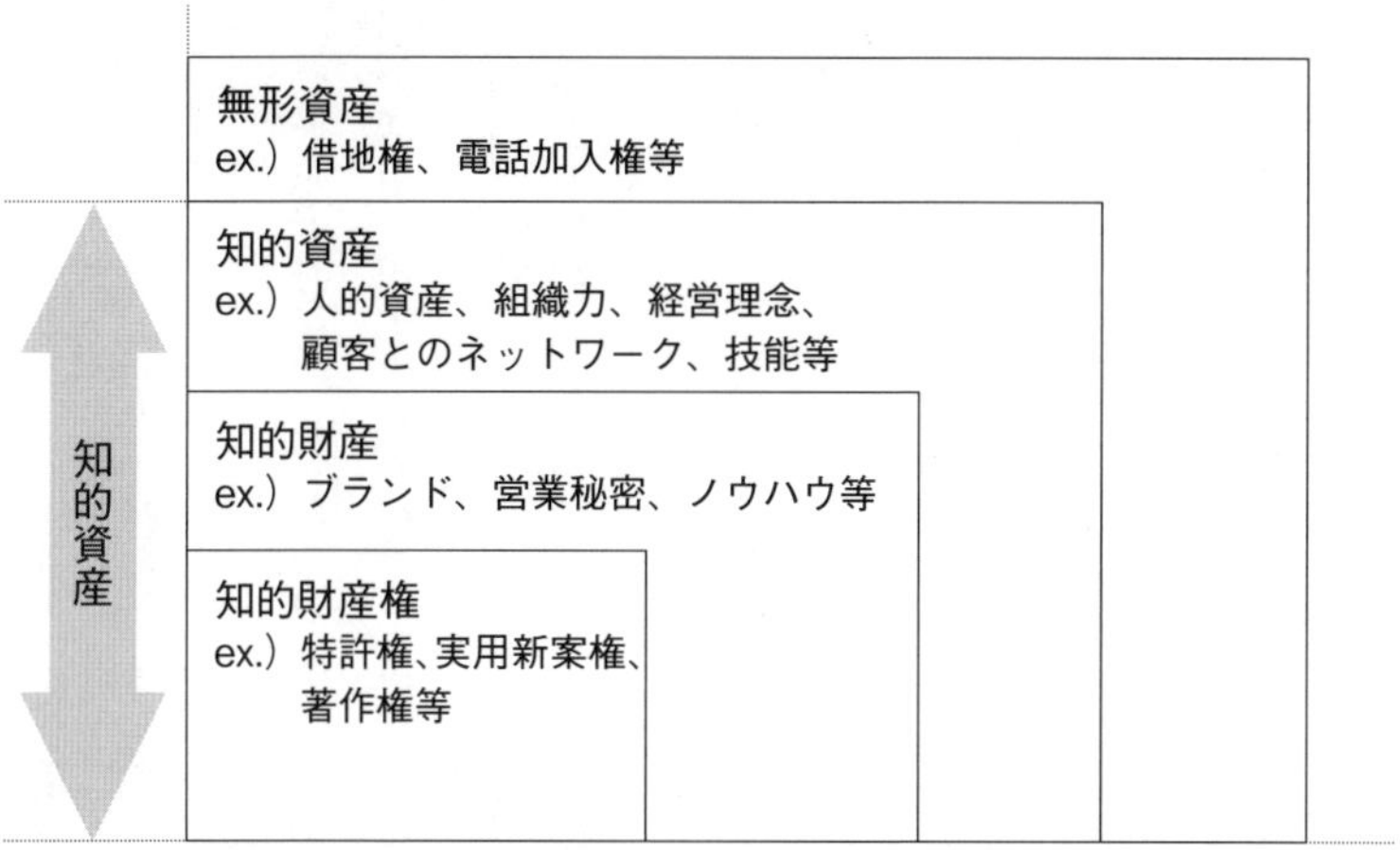

（出所）　経済産業省知的財産政策室ホームページより。

問わずに広く活用できるというメリットがある。

「知的資産経営評価」では経営資源を「人的資産」「組織資産」「関係資産」という項目に三つに区分して考える。自社の知的資産を評価し、どの経営資源に強みがあり、どこに課題があるか把握しながら、企業の成長へと結びつけていくストーリーを構築する。知的資産経営評価の手法では、これらの知的資産の要素ごとに成熟度・達成度を評価していくことで、財務実績に至る「先行指標」としてのモニタリングの役割を果たすことができる。

知的資産経営評価を活用することには次のようなメリットがある。

●財務実績との因果関係を説明しやすい。
●評価する項目が体系化されている。
●事業計画やアクションプランの妥当性の検証を行いやすい。
●業種・業態を問わず経営共通の構造に沿って抜けもれのないモニタリングができる。

「知的資産経営評価」というフレームワークは二〇〇〇年代に入って欧州で普及が進んだ企業評価の手法である。日本においても、二〇〇五年の産業構造審議会で新成長政策部会「経営・知的資産小委員会－中間報告書」で報告されて以降、企業の持続的な成長のためのものとして、行政当局においても、取り組みが進められている。

二〇〇七年七月に改正された金融庁の「中小・地域銀行向けの総合的な監督指針」においては、「知的資産経営情報の活用」が中小企業に適した資金供給手法としてあげられている。また、経済産業省や中小企業基盤整備機構が特に、中小企業金融への活用を目的に各種のガイドラインやマニュアルづくりなどの普及活動も行われており、複数の銀行などにおいて、企業への「知的資産経営報告書（事業価値を高める経営レポート）」の作成支援業務などが行われている。

「知的資産経営報告書」は、現状では中小企業が自分で作成するにはやや難易度が高く、中小企業診断士や行政書士のサポートによって作成されている事例が多い。「知的資産経営報告書」は、大企業だけではなく、中小企業も作成できるような簡易なフレームワークも用意されている。比較的経営資源に乏しい中小企業であるからこそ、自社の競争力の源泉を把握し成長のストーリーを描くことは非常に重要である。企業自身での活用の取り組みはもとより、それを受け取る銀行での審査や取引方針の策定、コンサルティングへの活用など運用が拡大していくことが望まれる。

自社の経営状態を説明する能力としての「財務経営力」

二〇一一年一二月に、中小企業庁が行った中小企業政策審議会・企業力強化部会という審議会で「グローバル競争下における今後の中小企業政策のあり方」というレポートが公表された。第一章でも紹介した「中小企業経営力強化支援法」の成立の伏線となった審議会だ。

「財務経営力」は、この審議会において用いられ始めた新しい言葉である。

このレポートでは人口減少・少子高齢化等による国内需要の減少、アジアをはじめとした新興国との競争激化や、国内大企業の海外移転などといった厳しい内外環境を勝ち抜くために、「自立的な中小企業」の確立を目指すべきであると報告されている。そのために、中小企業は自らの経営状況を把握し、経営計画を立案する能力を身につける必要があるという視点から「財務経営力」が必要であると述べている。財務経営力には、定量情報を表す「財務」という言葉と定性情報を表す経営という言葉が融合されている。この言葉を私なりに解釈をすると、「企業の経営者自身が、自社の知的資産や財務状況をタイムリーに把握し、向かうべき経営計画を立案するとともに、株主や銀行・従業員などの第三者に対して自分の言葉で説明し、自社のバリューチェーンに巻き込んでいく力」という意味になるであろう。

財務経営力の考え方には、中小企業における「中小企業会計要領」の普及が特に重要視されている。つまり、中小企業に会計の定着を図ることで、会計の活用を通じた企業経営者に対して経営力の向上を図ることに加え、決算書の信頼性を確保して、資金調達力の向上を促進させることの重要性である。そのためには、記帳能力など中小企業の実態に即した会計ルールの整備、政策金融における会計の活用や期中管理（経営計画や資金計画の作成等）体制の定着、及び金融機関に対する説明能力の向上が求められている。

「財務経営力」の考え方のポイントは企業を、自立的な経営主体としてとらえることにある。「自立」ということを意識した途端に、企業経営者は、乗り物の乗客ではなく運転手になる。運転手となった企業経営者は、目的地を定め、地図をみて、最適なルートを選択し、コックピットを見ながらハンドル、アクセル、ブレーキをコントロールしなければならない。企業経営者が自立するということは、外部環境を的確にとらえ、かつ自社の強みと課題を把握し、自社が提供する価値をビジネスモデルとして体現化し、これを事業計画につなげていくという活動を企業経営者が自ら判断して行うということである。

コラム

「統合報告」の潮流

議論の対象は株式公開企業などの大企業になるが、企業の情報開示においても非財務情報に対する開示の動きが、国際的にも急速に広がっている。わが国の公開企業は、法律や民業規制により義務づけられている、有価証券報告書や決算短信などの財務情報のほかに、任意ではあるが、「CSR報告書」や「環境経営報告書」「知的財産報告書」などの非財務情報を積極的に開示するケースが増えてきている。

また、アニュアルレポートなどのなかに、中期経営計画や経営理念やビジョンなどを広く開示する動きも広がっている。国際統合報告委員会（the International Integrated Reporting Committee：IIRC）の報告では、投資家が市場価値のうち、財務情報等の有形的資産とその他資産のどちらを評価しているかについて調査している。その結果、財務情報の割合が、一九七五年には、八三％であったものが、二〇〇九年には、一九％にまで低下している（IIRC「統合報告に関するディスカッション・ペーパー」）。

統合報告とは、このような動きのなかで、財務情報と非財務情報をまさに「統合して」情報開示する方法論として検討されているものである。国際統合報告審議会が二〇一一年九月に発表しているディスカッション・ペーパーでは、統合報告について、次のように説明している。

統合報告は、組織が事業運営を行う商業上、社会上及び環境上の背景を反映するように、組織の戦略、ガバナンス、業績及び見通しについての重要な情報をまとめ上げる。それによって、組織がどのようにスチュワードシップを実践するか、そして、組織が現在及び将来に渡ってどのように価値を創造・維持するかに関して、明瞭かつ簡潔に表明されることとなる。統合報告は、それぞれ独立した報告（財務、マネジメント・コメンタリー、ガバナンスと報酬、及び持続可能性報告）において、現在報告されている情報の最も重要な要素を、まとまりのある全体に結合させる。

統合報告の重要な側面として、以下があげられる。

・相互の結合性を示す

・短期、中期及び長期で価値を創造し維持するために、それらが組織

図表２－10　S＆P500　市場価値の構成要素

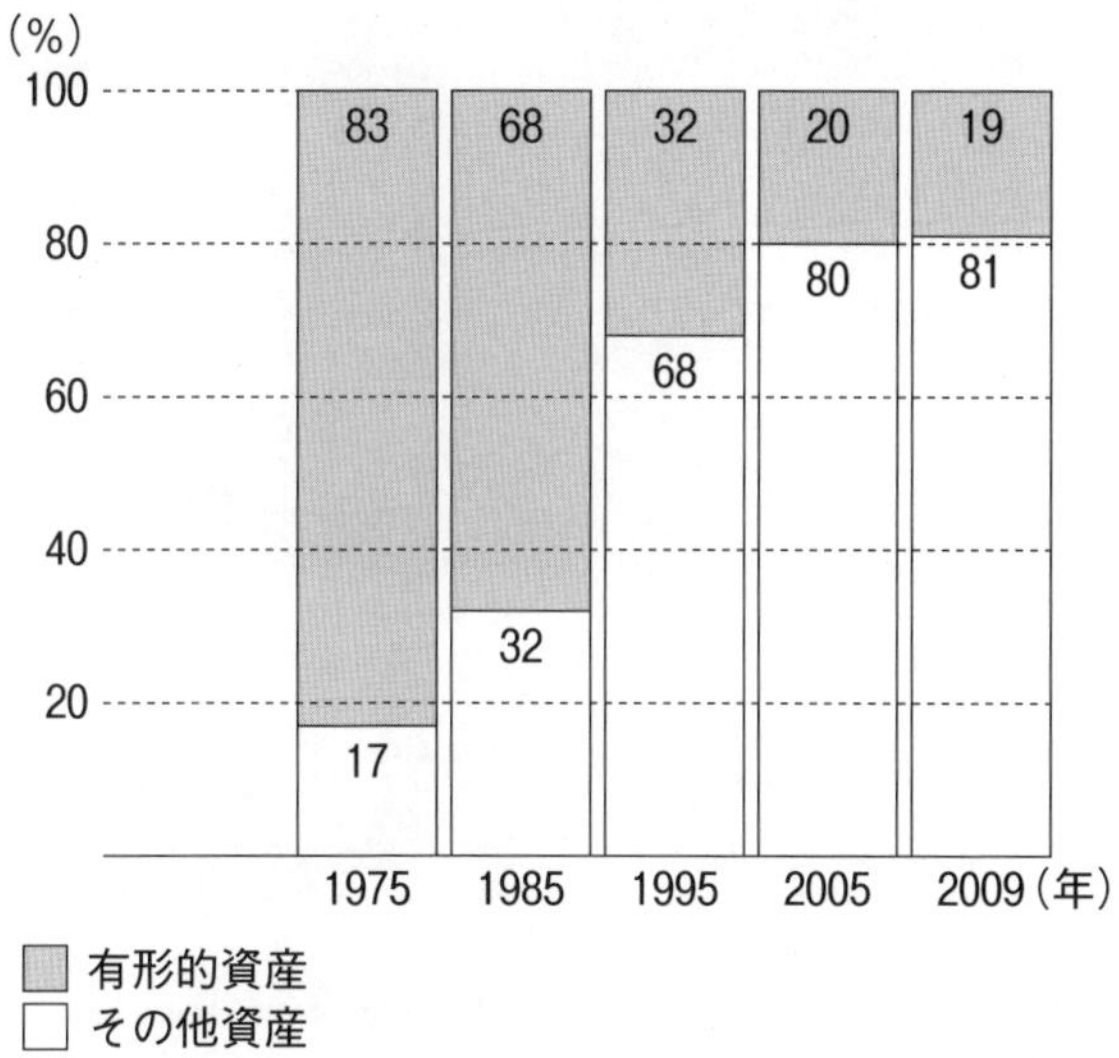

（注）物的および財務的資産（網がけ部分）と、無形要因によって表される市場価値（白：財務諸表内で一部は説明されているが、その多くは説明されていない）の割合比。

（出所）IIRC「統合報告に関するディスカッション・ペーパー」

の能力にどのように影響を与える
かを説明する

翻訳文であるため、少しわかりにくい表現がされているが、要約をすると、「企業自身が自らの企業価値を創造するビジネスモデルを社会と環境との関係のなかで簡潔に表現しましょう」ということである。

図表２－11　統合報告におけるビジネスモデルの表現

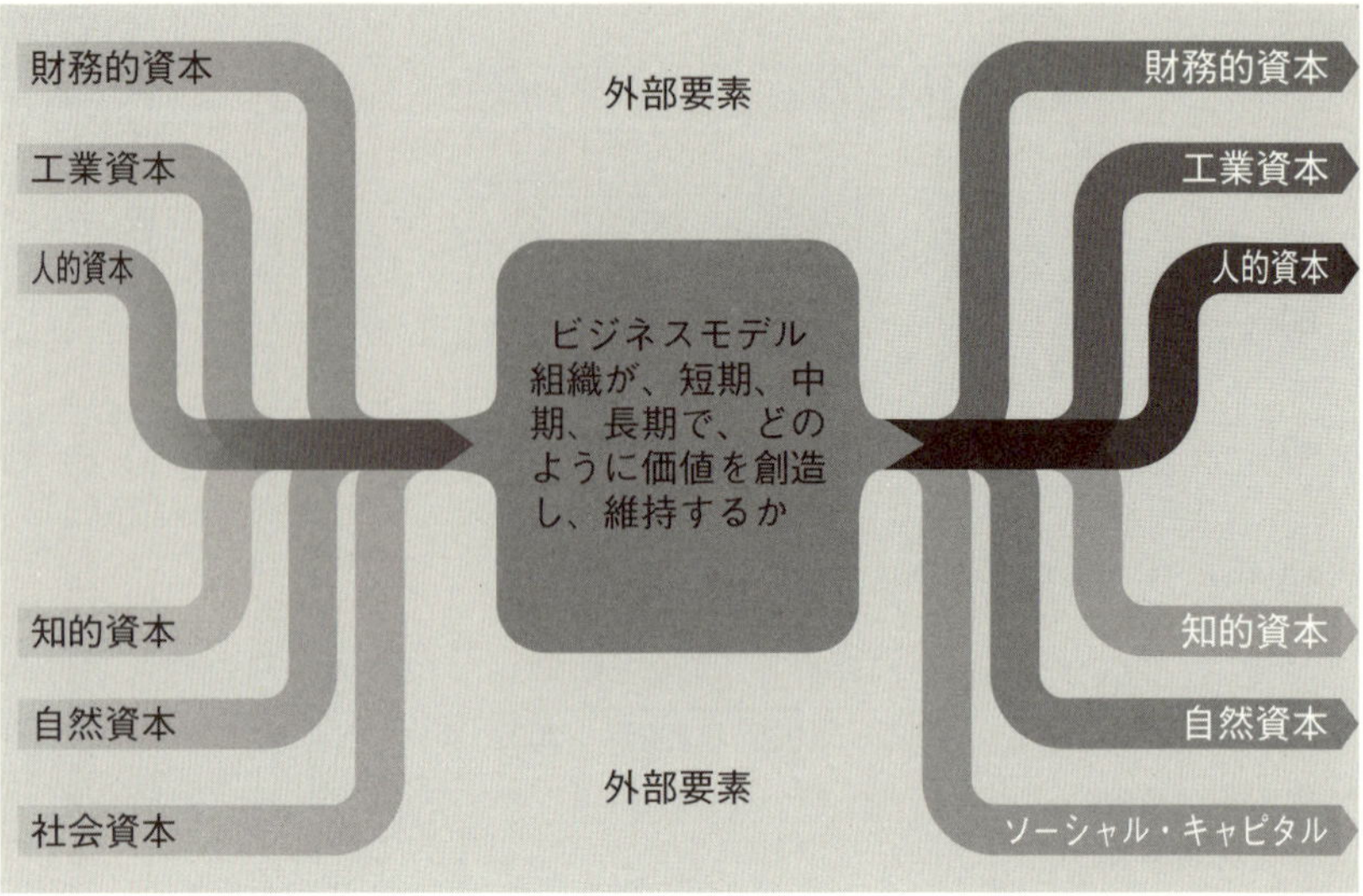

（出所）　IIRC (2011), Discussion Paper : Towards Integrated Reporting-Communicating Value in the 21st Century P. 10より翻訳。

統合報告のなかで、報告のための構成要素として次の六要素があげられている。

① 組織概要及びビジネスモデル
② リスクと機会を含む、事業活動の状況
③ 戦略目標及び当該目標を達成するための戦略
④ ガバナンス及び報酬
⑤ 業績
⑥ 将来見通し

財務情報を中心とした開示体制では、投資家にとっても、公開企業の情報は財務実績の説明が中心とならざるをえず、その結果として企業経営者もＲＯＥ（株主資本利益率）に偏重した、短期業績主義に走る傾向が強くなる。統合報告が目指そうとしているところは、長期的視点にも立った時間軸のなかで、価値を創造し維持していくストーリーを利害関係者と共有していくというものである。

そのなかで、統合報告では、ビジネスモデルつまり「組織が価値を創造・維持しようとつとめるプロセス」を構成する価値創造の要素として、次の「六つの資本」をあげたうえで、図表2－11のようなフレームワークを提案している。

ここでのポイントは、企業は財務資本以外の様々な資本（製造資本、人的資本、知的資本、自然資本、社会資本）に支えられ、またそのものに影響を与える中核として、ビジネスモデルが存在しているという考え方である。この影響を与え、与えられる資源との関係のなかでその企業の存続・存在要件がビジネスモデルとなる。

統合報告の動きを見るまでもなく、特に、わが国のように成熟した経済構造をもった国では、変化を担っていく企業には生態系を構成するステークホルダー（企業・銀行・投資家・顧客・取引先・従業員・生活者など）とのコミュニケーションが重要となってくる。それは、公開企業等の大企業にも、中小企業にも共通の止められることのない流れである。

◇企業の成長要因を可視化する「収益結晶化理論」

「収益結晶化理論」

企業の定性情報と財務情報を一体のものとして企業価値や企業の成長要因を分析する手法の開発は、知的資産経営評価や財務経営力の他にも、いろいろな手法が開発されてきている。バランス・スコア・カード、経営品質賞の取り組みなどもその一つといえるであろう。

図表2－12　収益結晶化理論における経営の三要因

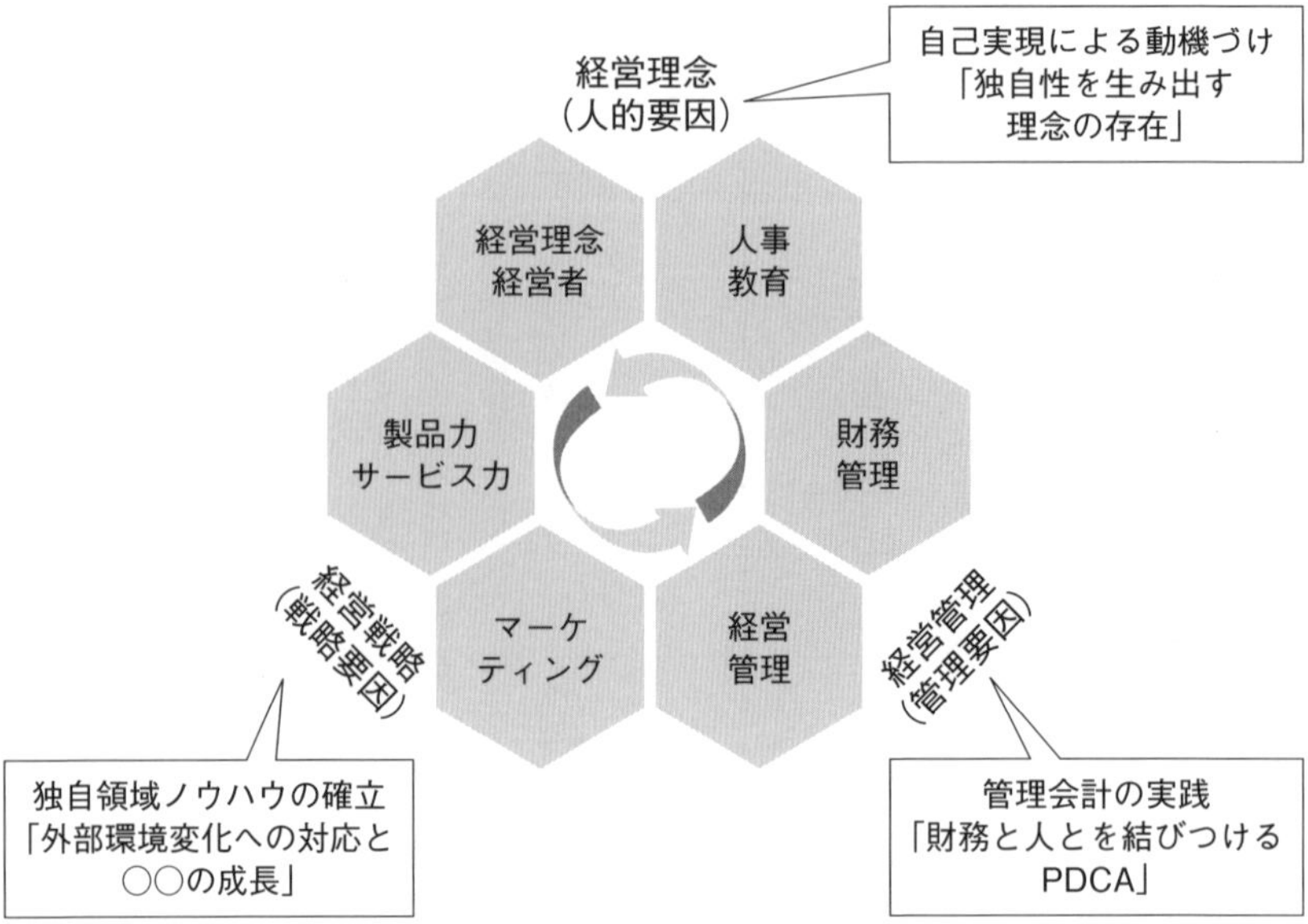

私は、そのなかでも中小企業自身やその重要な相談相手である銀行員や税理士が活用できる、簡易かつ有効な手法はないかと探していた。

そのなかで、私が注目したのが産業能率大学の経営学部教授である宮田矢八郎氏が提唱していた「収益結晶化理論」である。

宮田氏は、株式会社ＴＫＣが保有する財務諸表データベース「ＴＫＣ経営指標（ＢＡＳＴ）」で定義されている「優良企業」一万一四七六社の調査に基づく実証研究を行い、企業の財務特性上の高収益要因と、それを生み出す定性要因の関係から企業が成長していくプロセスを説明することに成功した。これを「収益結晶化理論」と名づけている。これは、書籍としても出版されている（『収益結晶化理論』ダイヤモンド社、二〇〇三）。

成長企業の特徴を中長期にとらえるには、財務情報だけではなく、その企業がどのような「行動特性」をもっているかを解明していく必要がある。たとえば、売上高一〇億円未満の企業は、「ヒット商品なし」と回答する企業が多いのに対し、売上高一〇億円以上の企業は「ヒット商品あり」と回答するほうが多くなる。つまり、売上高一〇億円の壁を突破するには、「ヒット商品」の開発を行わなくてはいけないという示唆が得られる。

これらの実証研究をベースに、企業の定性情報を「経営の三要因」としての「人的要因」「戦略要因」「管理要因」に区分し、企業の成長要因を解き明かしていったフレームワークが「収益結晶化理論」である。

経営の三要因とは次のものである。

- ●戦略要因……製品開発、マーケティング
- ●管理要因……財務管理、組織管理
- ●人的要因……経営理念、経営者、人事教育

この理論では、「経営の三要因」のうち、企業の成長の苗床的位置づけとなる「人的要因」は財務の成果に対しての先行性が確認されている。企業が成長していく途上で「人的要因」は「戦略要因」にタイムラグをもって反映され、それが「管理要因」として追随されるという関係が見出されている。さらに、「戦略要因」や「管理要因」の行動は企業経営者に新たな「気づき」を与え、経営理念の再構築など「人的要因」をさらに成熟させるというサイクルを生み出していく。収益結晶化理論は、この企業の成長のストーリーを理論立てて説明している。

財務情報と定性情報を一体化した経営実態把握手法へ

私が所属している電通国際情報サービスでは、宮田氏が掲げる収益結晶化理論をベースに「財務情報と定性情報」を統合して表現する方法について研究活動を行ってきた。これを用いて企業経営者と銀行の対話を活性化させることがそのねらいであった。その活動の一つが、バリューチェーンファイナンス研究会である。

バリューチェーンファイナンス研究会は、二〇一一年一二月から二〇一二年四月まで五回にわたって開催した。宮田氏を座長として、株式会社第四銀行、株式会社静岡銀行、西武信用金庫などの地域金融機関をはじめ、株式会社金融工学研究所、地域共創ネットワーク株式会社、株式会社電通、株式会社電通マーケティングインサイトなどが参加した。

この研究会では金融機関のコンサルティング機能の強化を実現するために、顧客視点に立った質の高い対話をどのように実践すればよいかについて議論が続けられた。

それは銀行が企業との対話において、「事業」や「経営」のレベルでの対話をどのように実践していくかということでもあった。ここで課題提起されたことは、銀行において、コンサルティング機能が発揮されていない要因の一つは、やはり企業へのモニタリングが財務情報を中心に行われており、企業の定性情報としての成長要因や成長阻害要因の把握が不十分であるということであった。

「定性情報」の重要性を認識し、ＣＲＭシステム等に情報を蓄積している銀行も多く存在している。しかし、そのような銀行でも、「財務情報」と「定性情報」をそれぞれ独立したものとして管理している。また、それらの情報も「営業推進」や「信用リスク管理」など目的や部署別に同じ顧客の情報が分散して管理されているため、そこからは顧客のバリューチェーンの全体像を把握することは困難となっている。

そこで、定性情報を企業成長の要因、財務情報をその結果としてとらえた場合、「財務情報と定性情報を一体化した、経営実態把握手法の構築」が求められるという結論に至り、そのプロトタイプを実際に構築するという作業を行ったのである。

バリューチェーンファイナンス研究会では「定量情報と定性情報を一体化した、経営実態把握手法」に求められる要件として以下を定義した。

① 財務情報と定性情報を関連づけた経営分析

財務情報と定性情報を区分した分析では、企業の経営実態を把握することは困難である。財務情報と定性情報を関連づけて一体化して表現することで、生きている企業の全体像を把握できるような体系が求められる。

② 金融現場の成熟度を考慮した実務運用

定性情報は、価値を生み出す経営の行動であり、担当者がその情報を把握するには、取引先の業界や業務の知識や、それを引き出すコミュニケーション能力が必要となる。業務の運用設計においては、銀行の現場の成熟度をふまえて、「あるべき姿（TO－BE）」に寄りすぎない、「実現可能な姿（CAN－BE）」とのバランスを考慮する必要がある。

③　経営課題解決のための気付きが得られるヒアリング体系

銀行員が定性情報をヒアリングするための項目体系には、企業の成長、または経営課題解決のヒントとなる項目を、なるべくそのまま織り込む必要がある。ヒアリングを通したコミュニケーションを行うだけでも、銀行員と企業経営者がともに経営課題について気づきを得られるものが望ましい。

④　ヒアリングを通しての目利き人材の育成への寄与

ヒアリングやその結果のフィードバックを通した企業経営者との対話、またはそれらと財務情報を一体化した経営分析が、目利き人材を育成することになる。経営分析事例が蓄積されることにより成功事例や失敗事例を共有することができ、その事例がそのまま研修やＯＪＴの素材として人材育成にも寄与することになる。

⑤　銀行員と企業経営者の目線をあわせるコミュニケーションツール

「財務情報と定性情報を一体化した、経営実態把握手法」は銀行内の審査業務のツール、企業経営者との経営課題のコミュニケーションツールどちらとしても利用可能である。銀行にとって、審査業務とコンサルティング業務は経営の実態を把握するということにおいては共通であり、その業務をあえて区分しないことが銀行と企業経営者の目線をそろえるには重要であると考えられる。

私たちは、本研究会での意見をふまえて、「財務情報と定性情報を一体化した、経営実態把握手法」を構築するため、企業を木のイメージにたとえ「経営の木」という様式を作成した（図表２－13）。

「経営の木」とは、企業を一本の「生きている木」に見立てて考えている。過去の「財務業績」は成果としての「果実」にたとえることができる。また、「将来も果実を実らせ続けられるかどうか」は、「果実」としての財務業績の評価だけではなく、木の「根」としての経営資源の状態に着目する必要がある。この木の「根」に当たる部分が「経営の三要因」として表現された定性情報になる。

「経営の木」を用いて定性情報を財務情報とひもつけ、企業の立体的・構造的把握と時間軸把握を行うことにより、将来視点での審査やコンサルティング活動、営業活動へと展開できる可能性が広がると考えている。

バリューチェーンファイナンス研究会での取り組みは、銀行に経営課題のレベルでの対話を定着させるためには、その活動が現場の日常業務にどのようにひもつき、どのような有用性をもたらすかについて理解しやすいよう現場運用に落とし込む方法を探ったものである。

第四章では、バリューチェーンファイナンスを実現する現場の起点としての企業経営者と銀行の「対話」の在りかたについて議論を続けてきた。

そして、企業経営者と銀行員が事業・経営レベルの対話を行うためには「われわれ」の将来の視点に立ち企業経営者とともに向き合うこと、そのためには定性情報を含めた企業の成長要因にも着目する必要があることについて説明を行った。しかし、これらのことを実際に業務として実現していくためには、銀行内部の業務設計そのものを変革していく必要がある。第Ⅲ部では、このテーマについて掘り下げていくことにしよう。

図表２－13　経営の木

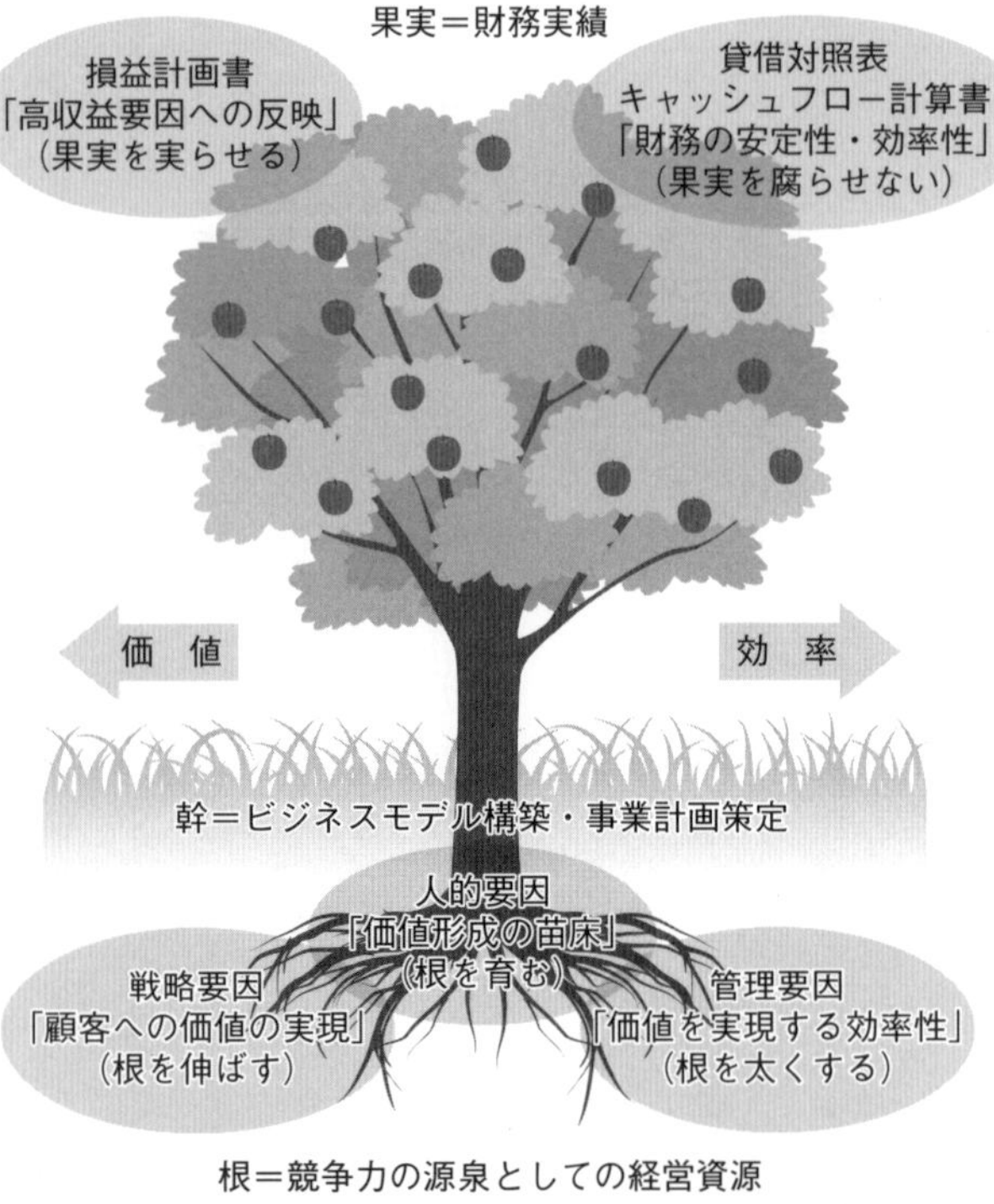

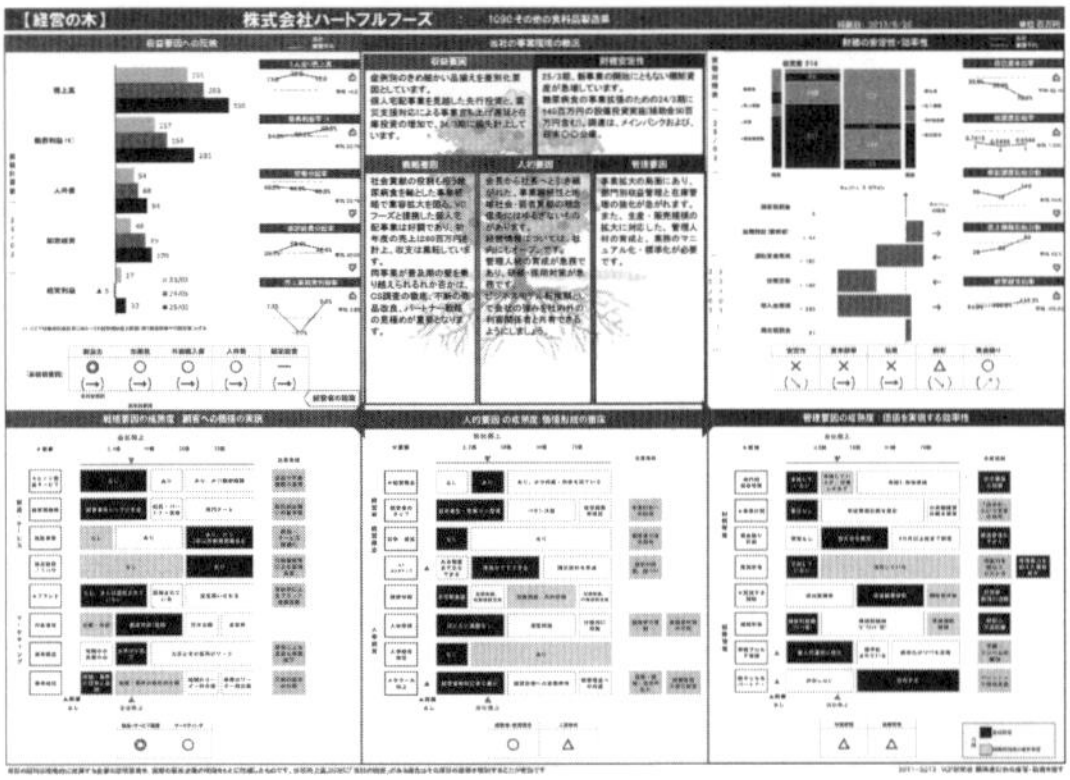

（出所）　株式会社電通国際情報サービス VCF 財務経営力診断
サービスの帳票より抜粋（vcf-info.com）

第Ⅲ部

バリューチェーンファイナンスを実現する銀行の業務設計

第五章　部分最適を生み出す銀行の組織構造

◇銀行における組織問題の深層

なぜ銀行の組織はタテ割りになってしまうのか

第二部では、バリューチェーンファイナンスを実現するための条件として、顧客側の視点に立った顧客と銀行の「対話」の議論を軸に銀行の「在りかた」についての議論を続けてきた。しかし、読者のなかには、それは、理想に過ぎず実現ができないという印象をもった方もいると思う。銀行組織のなかにいる個人としては、「やるべき理由」よりも「できない理由」のほうが多く連想できてしまう。私もあげようと思えば、バリューチェーンファイナンスの目指す姿に対して、「できない理由」を一〇〇項目でもあげることができる。「短期的成果が優先である」「現場の能力が不足している」などである。「できない理由」を考えているとき、自分の内面では「どうせ実現できない」という、自分自身や自分の組織に対する、皮肉やあきらめの声がこだましている。

しかし、「やるべき理由」は一つでよい。その理由は銀行を顧客のなかの機能としてとらえれば、おのずとみえてくるはずである。ＴＫＣの創業者の飯塚毅氏の言葉を借りれば「お客様の繁栄を願うから」である。

「日本の銀行にはイノベーションが発生しにくい」という意見がよくある。その理由として、銀行を指して、保守的、官僚主義と言葉をもち出す人も多い。なぜ、このような意見が、銀行の外部から多く聞かれるのか。本書は、バリューチェーンファイナンスを実現する処方箋を提示することが目標であるが、そのためにどうしても踏み込まなくてはいけない問題がある。銀行の組織構造、そして、その背景にある銀行員の内面心理である。

私は銀行向けのコンサルティングをしているという仕事の関係で、銀行の本部の担当者を集めて銀行の「業務改革」をテーマとした意見交換会を実施することがある。そのときに、銀行員の参加者に対して「変えたいけど、変えられないと感じていることは何ですか」という質問を投げかける。得られる回答の多くは、「組織のタテ割りに対する不満」、「経営陣に対する不満」、「営業店の行動に対する不満」である。つまり、自分以外の部署、役割に対しての不満がほとんどである。

そのときに私は、「では、その状態を何とかしようとして、あなたはどういう行動を起こしますか」、「あなたのその行動によって、関係者はどのような影響をもたらされますか」という問いかけをしてみる。その問いかけに対する回答はおおむね次のようなものである。

- 他の部署との連携をするために動き回ることを試みるが、それをやればやるほど、自分の仕事が増えていき、やがて自分のクビが締まってくる。そのうちに、だんだんそのような活動をしないようになっていく
- 自分の部署の問題だけにフォーカスした、短期的対症療法的な成果を求める活動が多くなってくる
- 業績に結びつくような実態を伴っていない訪問件数、取組件数、報告書作成数など、活動の成果をアピールし

ようとした数値目標の設定が増えてくる

●営業店や、相手部署に対して、相手方の作業の増加するような、形式的な報告書類を増やしていく

私にも銀行本部での経験があり、この回答は実感としてとても納得ができる。

当時、銀行員だった私は、営業店から相談を受けつける部署で勤務していたことがある。営業店が取組方針について悩んでいる融資案件に対して、情報提供やアドバイスを行うような仕事だ。私のところには、営業店からはありとあらゆる相談があったが、自分の知識や経験からは到底解決しきれないものも多い。そのため、それぞれの専門業務に詳しい他の部署に聞きまわって情報を収集してから、回答を行うようにしていた。

そういう活動を続けていると、口コミによって「あそこの部署のだれだれさんに電話すれば、いろいろと役に立つ情報を教えてくれる」という評判が広がるようになる。自分たちのチームのミッションは営業店の課題を解決することであったので、相談が増えているということは、それだけ本来の業務として銀行に貢献していることであるというように前向きに考えて取り組んでいた。実際に、受けている相談内容をすべて記録し、その件数や内容が充実していくことをチームの目標としていた。

しかし、その活動をすればするほどに自分たちのクビを締めていくことになる。口コミによって、相談件数がどんどん増えてくると、知識もノウハウもそれなりに蓄積されていく。そうすると相談の難易度がどんどんあがっていき、より専門的な相談を受けるようになってくる。

そうして、自分たちの仕事が忙しくなるにつれ、いつしか他の部署に対する不満が芽生え始める。他部署に対して、「本来は、そちらの部署で受けるべき相談ではないのか」と詰めよったとき、その部署では「相談件数を

少なくすること」を目標設定にしていることを知ったこともあった。なんと、あまりにも業務が多忙で電話を受けないように管理していたそうなのだ。

そして、イライラが募っていった揚げ句、いつしか絶対に使わないと決めていたあの言葉を自分が発するようになっていった。「そのご相談内容でしたら、○○部マターです」。

こうして、他の部署に対して不満をもっていた自分がいつしかその問題の片棒を自ら担いでいくようになる。自分が他の部署との壁を築き始めたのは、「だってしようがないじゃないか、オレも忙しいんだから」という自分の内面から聞こえる、自己正当化の声であった。

これは、銀行に限ったことではない。組織を構成する担当者や部署に自己正当化の欲求が高まると、自分の仕事の「城」を築くことに専念し、他部署や営業店から攻めてこないようにする防御活動に腐心していくようになる。城の城壁は「専門領域の業務知識」でがっしりと固められている。

そして、問題意識をもっていたはずの、本部のタテ割り構造に自らもが組み込まれてしまい、当初は自分が感じてたいたはずの問題の片棒を自分自身が担いでいくことになる。私自身の経験のように「○○部マター」という言葉が日常の仕事で使われるようになったら要注意である。また、同じ銀行であるにもかかわらず「△△部さん」という呼び方が出てくるようになった場合も気をつけたほうがよい。誰が顧客であるかの意識が薄れている状態だからである。このような状態では「顧客の視点」や「現場の視点」は忘れ去られているか、考えないようにフタをしているかのどちらかである。

業務が専門化すればするほど、この傾向は強くなるようだ。現在どの銀行も、「□□さんしかできない」というような、人材の固定化と知識ノウハウの偏在化が進行している。

バブル崩壊以降、銀行はより一層の管理の強化が求められるようになり、自己査定制度や内部格付手法、バーゼル規制対応等の管理業務が次々と追加されていった。まして、業務の複雑性・専門性は増していく一方だ。システム管理の分野では、以前は、事務管理を行っていた部署は、インターネットやクラウド技術、セキュリティ管理など高度なシステム要求に実現が求められる部署へと役割が変貌していった。その業務を現在も、「総合事務部」、「事務管理部」というような名称の部署が行っている。

また、業務の多様化に伴い、新しい部署やグループも次々とつくられていく。内部統制の観点から、監査機能の強化の要請が高まると、監査部や監査室という部署が設置される。中小企業金融円滑化法の対応から、コンサルティング機能の強化が指導されると「コンサルティング支援室」という部署が設置される。

いうまでもないが、監査部や、コンサルティング部がつくられることと、実際に監査機能やコンサルティング機能が強化されることは、別の問題である。顧客の視点から見れば、コンサルティングや与信審査、営業推進活動は、全く一体のものであり、部署が分割されていること自体、顧客から見た場合は不自然である。

このような本部のタテ割り現象は、組織内に伝染していくという特徴がある。ある部署が自己正当化の行動をとると、関連する部署も同様の対応をとる。それは、本部内、営業店、経営陣のタテヨコの関係を官僚化していく。誰もがその原因をつくっている当事者となる。こうして、銀行では新しい築城工事が進行していく。

このように、業務の専門領域の拡大とともにいろんな部署や業務が構築されていくと、本来の目的とは裏腹に、銀行全体としての顧客に対する課題解決能力が低下していく。

変化が激しい事業環境から発生する様々な難題は、残念ながら、銀行の組織の枠にきれいに当てはめてくれる形では発生してくれない。むしろ、たった一つの小さな顧客の課題に対しても、組織の総合力がトータルに反映される。顧客が銀行に感じたある一つの小さな不満は、その担当者・担当業務の問題があると同時に、同じ構造が営業店、本部、銀行全体の課題が入れ子構造に積み重なっているのだ。つまり現場の責任でも、経営の責任でもなく、われわれを構成している自分自身の問題であるのだ。タテ割りが進んでいる状態では、帰属があいまいな外部環境の課題に対しては「それは○○部マター」と、お互いが自分の守備範囲を超えない行動が多くなっていく。野球の守備にたとえれば野手が守備範囲を超えてプレーをしようとしないため、ポテンヒットが量産される状態だ。

権限と責任の分散が進むと、行内の意思決定書類や、報告書には、大量の印鑑が押されて回覧される「スタンプラリー」現象が発生する。「効率化」、「管理強化」という号令のもとに、効率化のために新しい報告書や業務がつくられていき、結果的に「効率化」、「管理強化」の業務品質の悪化を招くことになる。誰もが自分の守備範囲では、真剣に仕事をしているにもかかわらず、組織全体として解決しない問題が次々と発生しているのだ。その結果を最後にわかりやすく示してくれるのは顧客である。銀行取引に対する期待が薄れ取引を縮小、または解消するという動きに出る。または資金調達や経営に関して銀行への依存度を下げていく。

コラム

ナットアイランド症候群――模範的チームの失敗

自律的であり優秀である組織が、自分たちはまじめに精力的に仕事に取り組んでいると思っているにもかかわらず、組織の深刻な問題を引き起こすということは、銀行にかかわらずいろいろな組織に共通に発生する現象である。

「ダイヤモンドハーバードビジネスレビュー　二〇一〇年二月号」にポール・F・レビー氏が「模範的チームはなぜ失敗したか」という論文で、この現象を「ナットアイランド症候群」という呼び方で紹介している。

「ナットアイランド症候群」は銀行の事例ではないが、示唆に富むものであるので紹介する。

「ナットアイランド」というのは、米国のマサチューセッツ州クインシーにある地名である。この事例はそこにあった下水処理場が舞台となる。この下水処理場のチーム・メンバーは勤勉で、自主性にあふれ、人材の採用から配置、トレーニング、予算のやりくりまでを自律的に対処する「模範的な組織」だといわれていた。そのような自律的な理想のチームだったにもかかわらず、一九八二年にこの下水処理場は三七億ガロンもの塩素を含む未処理下水をボストン湾に半年もの間、放出し続けるという大問題を引き起こしたのである。

ポール・F・レビー氏のレポートでは、この問題が起きるに至った経緯を次のように五つの段階に分けて、分析を行っている。なお、この分析には一部私としての解釈を加えている。

●**第一段階**：シニアマネージャー（チームを統括する部署の幹部、銀行の場合は業務を統括する担当役員をイメージすればよいであろう）は、自分の日常の問題を解決することに頭がいっぱいで、重要性は高いが、専門性も高くて舞台裏となりがちな任務を専門チームに任せる。チームは、顧客の目には映らないところで、その任務を遂行し、権限を与えられたチームは自己流ながら組織編成や管理の方法を身につけ、プライドと自意識が高まっていく。

●**第二段階**：シニアマネージャーはチームの自主性に安心しきって、やがて気にもとめなくなる。チームが助けを求めたり、指示を仰いだり、緊急事態を報告したりしても無関心な態度を示すようになる。そして、チームのなかにシニアマネージャーや企業組織そのものに対して、憤りの感情が芽生え始める。

●**第三段階**：チームは組織から孤立するようになり、組織全体やシニアマネージャーに対して敵対意識をもつようになる。チーム内で問題が発生しても「報告してもサポートしてくれない」といういらだちの思いから、かえって隠ぺい行為をはたらくようにもなる。そして、シニアマネージャーの側もこれを放置する。先の事例では銀行の専門組織ごとの築城活動がこれに該当する。

●**第四段階**：チームは仕事のやり方や方針についてほとんど干渉されることがないため、チームは独自のルールで行動し始め、「われわれのルールこそ、ミッション遂行を可能にするものだ」と自ら言い聞かせ、それがあるべきルールだと思うようになる。この段階では、顧客から見た、自分たちの存在についてはほぼ忘れ去られている状況にあり、ミッションとすべき業務の重大な欠陥を覆い隠してしまう。

●**第五段階**：チームもシニアマネージャーも、顧客や現実とは大きくかい離していき、自分たちの仕事を本当にわかっているのは自分たちだけだと思い込み、善意の第三者による問題の指摘すら受け入れないようになる。さらに、自分たちの望まないデータを否定あるいは無視し、自分たちのやり方で問題がかえって深刻化させていることを認識できなくなる。そして、その結果、実際にトラブルが発生することによって、ついに問題の大きさに気づかされることになる。

ポール・Ｆ・レビー氏は、ナットアイランド症候群のような、自己目的化した組織問題の予防策は、ミッション遂行の成果基準を作業ではなく、顧客に対する満足におくこと。そして、チームと他部門、またはチーム間の交流を恒常的に行うことであると提言している。

読者が銀行員であれば、これに似た現象が自分の組織にも発生しているのではないかと、ギョッとした方もいるかもしれない。

最終段階としての深刻な状態に至らないまでも、これに近い段階の現象は銀行に限らず、多くの組織で実際に発生している。あえていえば、事業環境の変化に対しての急速な対応が求められない業界・組織などで起こりやすい。厳しい顧客からの眼にさらされることが少ないからだ。

銀行では、システム部門や、専門的リスク管理に関する業務等、ＩＴや金融技術の高度化の影響専門性が高い新規業務の分野においてナットアイランド症候群が多く発生している可能性がある。これらの高度に専門化された高度な業務であるほど顧客との距離が起きてしまいやすい。これら技術は、本源的には、顧客側のニーズに対応するために新しく生まれてきているものであり、なおさらのこと、顧客の視点から業務の在りかたを、強く意識すべきものであろう。

しかし、銀行の場合、コスト削減の要請により、人件費削減で最初に手をつけられるのは、本部の人員である。優秀な行員は、営業力強化のために、現場に送り込んだほうが、短期的に、より確実な収益の成果が得られるからだ。現在の、銀行の本部は、より複雑化した業務要求に対して、より少ない人員で対応していかなければならない。これを実現するには、本部組織の全体が一貫した効率的である全体最適が求められるが、進展するのはむしろ部分最適のほうである。

部分最適のバッドサイクル

銀行の管理体制が顧客や社会に対して問題を引き起こす事態に至った場合、金融庁から業務改善命令が出されることがある。最近の事例では、デリバティブや投資信託における書類の偽造や、行き過ぎた顧客対応などがある。この事例をひもといてみると、担当者自身は組織の目標達成のために真面目に取り組んでいるだけであることが多い。問題を引き起こした担当者自身は、「指示されたことをやっただけだ」、「しょうがなかった」と感じている。この問題は、チェックシートをつくる、監査基準を強化するなど該当業務の管理を強化することだけでは解決しない。その組織の直接その業務に携わっていなかったものを含めて、その問題の片棒を少しずつ担いでいるという構造に気がつく必要がある。一人ひとりは、正しいこと、あるべきことをやっているのに、それが組織全体として、顧客に対してサービスの低下、ときには社会的問題までも引き起こしているのである。

私はITソリューションを提供する会社に所属しているが、システム開発においても同様の現象が見られる。システム開発の現場は、つくったシステムに対して何度もテストを繰り返していくという地道な作業が続く。一般的なシステム開発では、個々の機能をもつモジュール（部品）が期待する機能を満たしているかどうかを確認するテストを経たあと（これを単体テストという）、それらのモジュールを組み合わせて期待どおりの処理が行われるかの確認作業を行う（これを結合テストという）。しかし、個々の機能は正しく動作しているにもかかわらず、結合テストのときに想定していなかった障害が多く発生することがある。システムに対する顧客の要求という基準に照らし合わせたときに、仕様に対する勘違いや、考慮もれが表面化するのだ。

システム開発の場合はこれを解消するために、ユーザーテストという工程が組み込まれる。問題はこの時に表面化する個々の機能がユーザーが求めるビジネスの要求に適合しているかを確認するのである。システム開発とは違って銀行の場合に難しいのは、顧客の要求（資金調達）と成果（事業の成功）の因果関係が不確実で、一定のタイムラグがあるということである。時間軸のなかで課題の全体の構造を把握することが困難であるから、逆に個の問題部分の問題解決に流れてしまうのである。

金融庁が金融検査マニュアルに沿った対応を、具体的事例として補完して説明するために「金融検査結果事例集」というものを作成して発表している。これに記載されている指摘事例を見ると、銀行で起きている課題がそれぞれの事例として把握できる。このような指摘を受けた銀行は、この指摘された事項に対して一つひとつつぶし込みをして改善していけば、銀行の業務品質は改善するのであろうか。

指摘事例のタイトルをいくつかをサンプルで示そう（「金融検査結果事例集　平成23検査事務年度後期」より、傍点は筆者）。

- ●審査部門および営業店が、大口債務者のグループ会社の実態把握を十分に行っていない等の事例
- ●経営改善支援部門が、営業店とともに訪問を行い、業況等の聞きとりや支援に向けた協議を行うこととしている等の事例
- ●営業推進部門が、営業店において、同部門の指示をふまえた対応を行っているかどうかを十分確認していない等の事例

どの事例も主語が「〇〇部門が」から始まっていることに気がついたと思う。実際に、金融検査結果事例集に

図表3－1　部分最適のバッドサイクル

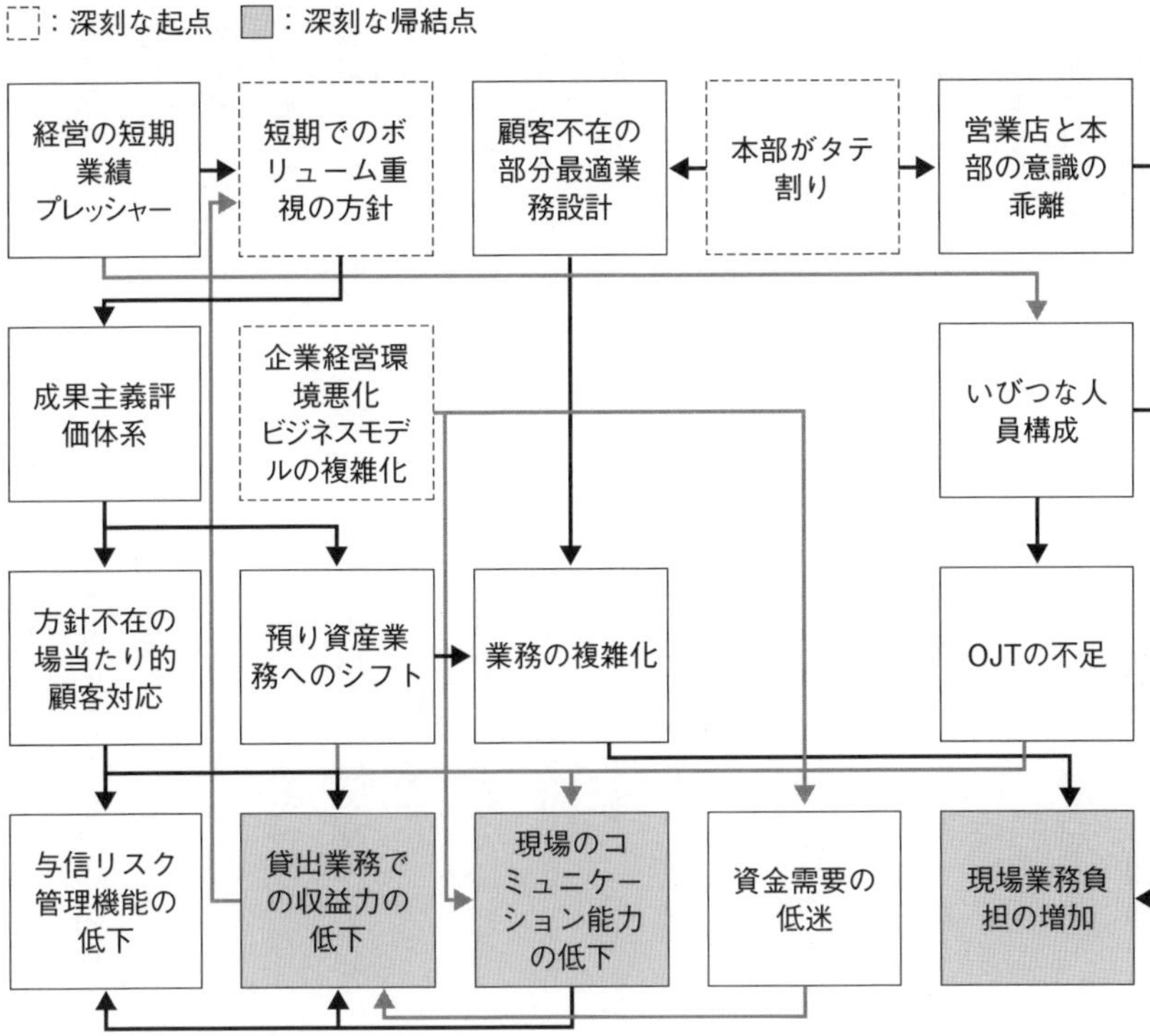

記載されている事例は、みな「○○部門が」というくだりで始まっている。金融検査では、責任の所在を明確にするために担当部署を明確にした指摘を行う。実際、一つひとつについては指摘されてしかるべきものである。指摘された部署の担当者は、これに対して必死に対応する。一定の時限内に改善対応を行って当局に状況を報告することを求められているからだ。

　しかし、それぞれの部署の個別の対応策が組織全体として機能するかどうかは別の問題である。

　指摘されたある改善事項が、別の問題を誘発することがあるからである。つまり「昨日の解決策が今日の問題を生む」ということが起きうる。

　たとえば、営業店の現場での顧客の

立場に立った自律的活動によって再生案件が多く発生することと、営業推進部門が統制を強化することとは、同じリソースのなかでは、両立しない。つまりトレードオフの関係がある。一方の管理を強化しようとすれば、一方が犠牲になる。指摘されたその問題を改善しようとすれば、今度はさらに別の問題を生み出していく。その堂々めぐりが繰り返される。

この問題を解決していくには、まず問題の全体構造を把握することから始めなくてはいけない。

図表３－１は、銀行のタテ割り構造が生み出している弊害が、どのように現場力の低下や銀行の収益の低下に影響を与えているかについて、構造的に示したものである。一つの悪い影響が、次の悪い影響を循環的にもたらすような構造になっているので「バッドサイクル」と呼んでいる。

図表３－１のバッドサイクルは、銀行の課題をヒアリングしたり、実際にコンサルティングしたりした事例から共通的に見られる現象を取り出して作成したものである。読者が銀行員であれば、これはまさに、自分の銀行のことをそのまま表しているのではないかと、冷や汗をかく方も多いのではないだろうか。それだけ一般化されるぐらい、銀行の課題がここには表現されている。

このバッドサイクルで気付いてほしいことの一つは、最終的には収益の低下などをもたらす、要因の多くが、よく見ると銀行の内部要因によって引き起こされているということだ。

たしかに、バッドサイクルを構成する要素のなかには、「(株主からの）経営の短期業績プレッシャー」や「資金需要の低迷」など外部環境要因として自分たちではコントロールできないものもある。しかし、そのほかの要因は、銀行自らがコントロールできることに対して引き起こしている内部の要因であることがわかる。

しかも、その要因の多くは、個人やその担当者にとって間違っているとは決して言い切れない対応をしているものが多い。

たとえば、この問題構造図に表現されている「成果主義評価体系」や「預り資産へのシフト」は、それ自体は今日の経営環境をとらえると、とりうる施策として個別には誤りはないかもしれない。しかし、これらの対策を講ずれば、講ずるほど、自分が直接担当しない領域への間接的影響により「信用リスク管理機能の低下」や「現場のコミュニケーション能力の低下」という形で現場のトップラインの営業力をむしばんでいく。そして、その影響を回避しようとする行動が、今度はＯＪＴの不足や、部分最適の業務設計を生み出していっている状態になる。

「だってしょうがない」私という銀行員の自己正当化欲求

つまり、対応の一つひとつは目の前の課題を解決しようとして、正しい行動をとっているのだけれども、組織全体として、その意図には反して問題構造を生み出していくということが起きている。

こういった状況が継続すると、多くの場合、その犠牲になるのは、現場の営業店であり、最終的には、顧客のサービスの低下によって自分たちを支えている地域や顧客に対して影響を与えていく。つまり、一人ひとりの担当者は銀行の収益をあげようとして取り組んでいるのであるが、結局は回り回って収益の圧迫という形で自分たちのクビを締めていく。

このとき、職員の頭のなかでは、自己正当化をしたくなる思いがこだましている。「自分だって、こんなことをやりたいわけではない」、「だってしょうがないじゃないか」というような。実際のところ、この「だってしょ

図表3－2　本部と営業店の対立ループダイアグラム

スキル・モチベーションが低下していて書類のミスや、形式不備が多い
業績があがらない

本部の意向が伝わらないなあ

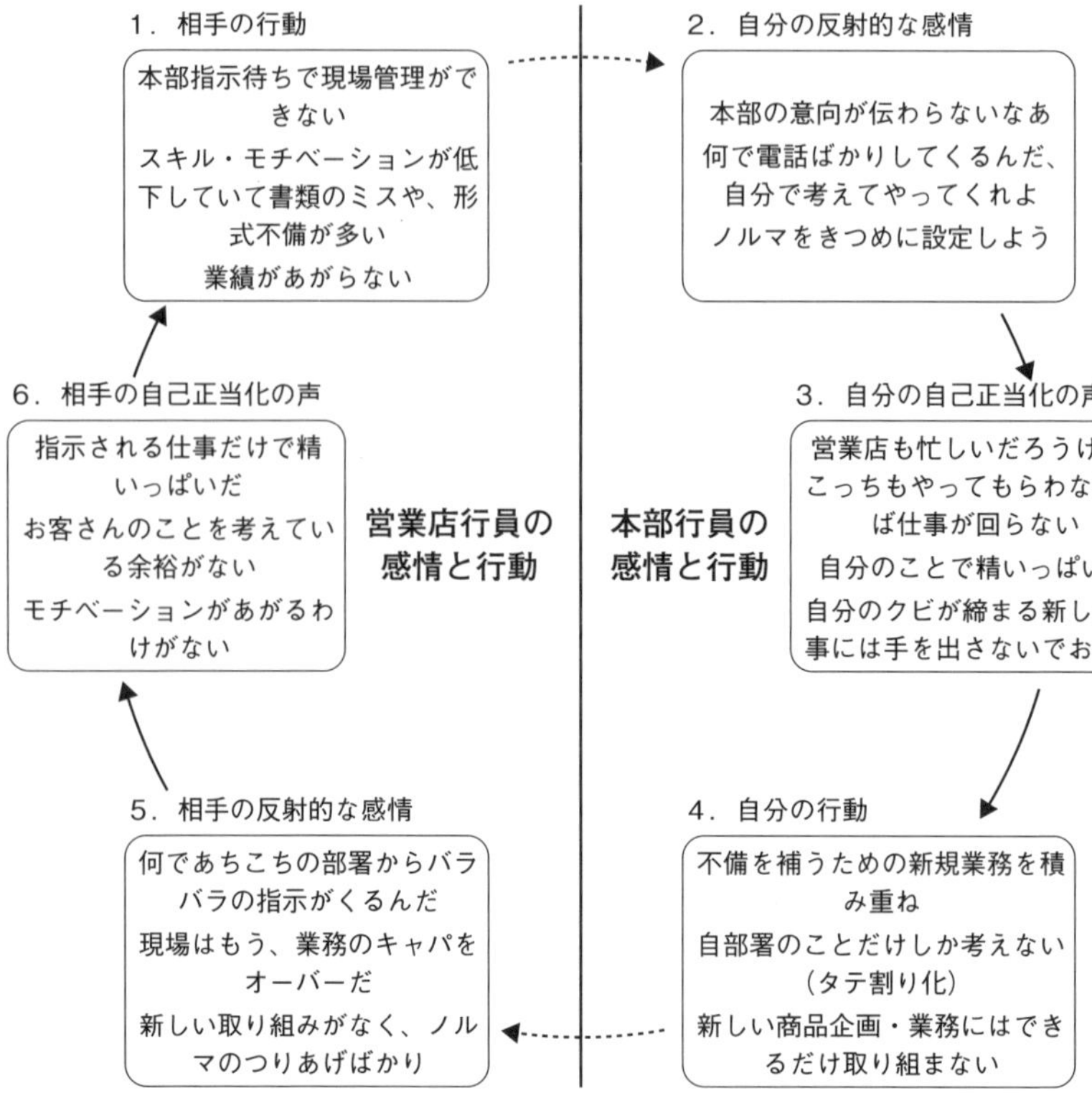
ノルマをきつめに設定しよう
営業店も忙しいだろうけど、こっちもやってもらわなければ仕事が回らない
自分のクビが締まる新しい仕事には手を出さないでおこう
自部署のことだけしか考えない（タテ割り化）
新しい商品企画・業務にはできるだけ取り組まない

現場はもう、業務のキャパをオーバーだ
新しい取り組みがなく、ノルマのつりあげばかり

お客さんのことを考えている余裕がない
モチベーションがあがるわけがない
営業店行員の感情と行動
本部行員の感情と行動

うがないじゃないか」という内面の感情が銀行内の築城活動を促進し、組織のタテ割りを生み出している起点となっている。

一人ひとりの行員が、「だって本部が」、「だって○○部が」、「だって営業店が」、「だって支店長が」、「だって部下が」「だって経営が」と、問題を外部に見出すことは簡単である。

図表3－2は、銀行の本部と営業店それぞれの「だってしょうがない」という内面の自己正当化の感情が行動となって現れ、それがお互いのクビを締めあっている構造を示そうとしているものである。これは私自身の銀行員の時に経験した自分の感情をもとに作成したものである

（このフレームワークは「対立ループダイアグラム」といわれているもので、組織進化プロセスのコンサルティングを実施している、オーセンティクワークス株式会社代表取締役の中土井僚氏からご教示いただいたものである）。

私は、責任感が求められるある忙しい立場にいる銀行の本部行員である。ここでは左上「1．相手の行動」からみていく。

私が仕事でいつも頭を悩ませている要因は、営業店の現場に対しての「本部指示待ちで現場管理ができていない」という不満である。私にはいつも「2．自分の反射的な感情」として「何で電話ばかりしてくるんだ、自分で考えてやってくれよ」という感情が芽生えている。そして、このときに、「自分のことで精いっぱいだ」という自分のなかに「だってしょうがない」という声が聞こえている。それが私のなかにある「3．自分の自己正当化の声」である。そして私は「4．自分の行動」として、営業店に対して、不備を補うための新規業務を積み重ねるということをしている。

しかし、ここで、立場を逆転して、もし私がその営業店の行員であったら、私の行っている行動に対してどのように感じるであろうか。これに気付くには、私が、相手の立場に立って本当に考えることができるか、という壁を乗り越えなくてはならない。しかし、以前は、私も営業店にいたことがある。そのときのことを思い出して、相手の立場に立って考えてみる。

営業店の立場にたってみると、自分が行った行動によって「何であっちこっちの部署からバラバラの指示がくるんだ」と感じている。「5．相手の反射的な感情」にはたと気が付く。そして、その相手にも「指示される仕事だけで精いっぱいだ」という「6．相手の自己正当化の声」がある。そして、営業店は、その是正措置の行動として、私に対して、「本部指示待ちで現場管理ができていない」という私への「1．相手の行動」をとることになる。

つまり、私が、迷惑だと感じていたことの原因は、もともとは自分自身の感じていることと、そしてその感情が引き起こした行動にあったのである。そして自分自身が問題の片棒を担ぐループのなかに組み込まれていたのである。**自分の行動が誰かに影響を与え、そして誰かの行動が自分に影響を与えているということ、自分自身がその「われわれ」のなかにいるということに気が付くこと、それが組織に起きている部分最適のバッドサイクルを解消するための第一歩である。**

銀行経営者である頭取が、銀行経営の問題を外部に求めることは簡単である。「株主からの短期収益要請のプレッシャーがあるから」、「地域の顧客に資金需要がないから」、「当局からこういう指摘がされたから」というように。

銀行の経営層の方々とこのような議論を続けていると、最終的に「人材」に関する問題に至る場合が多い。「だから、ゆとり教育世代の人間は○○なんだ」、「今の現場の人間は自分で考えるということをしない」という主張になり、出口のない議論へと入っていくこともある。「ゆとり教育世代」という言葉は、問題を自分の問題ではなく、現場の人材に押しつけるときに本当によく聞かれる用語である。しかし、その人材を採用し育成してきたのはあなた自身の行動ではなかっただろうか。図表3－2のフレームワークを使って、ご自身の事例で考えてみてほしい。

銀行の経営がそれだけ、激しい変化を求められる経営環境におかれていることも事実である。しかし、相手である、従業員、株主、顧客、当局も「だってしょうがないじゃないか」と同様に銀行に対して、同様の思いをもっている。お互いに水をかけあっているような状態で、この議論をどれだけ繰り返しても、問題解決の解が得られることはない。

●経営層が現場に降りていき現場との対話を深めていくこと
●営業店と本部の対話を活性化すること
●銀行本部内で組織横断のミーティングを活性化すること

これらは有効であろう。

しかし、それだけでは解決しない問題がある。これらの対話では内部での部門間、役割間の利害調整の活動に終始するだけの場合もある。

重要なことは、「対話の量」ではなく「対話の質」である。それは、顧客の視点に立って、自分たちの「在りかた」をみつめた議論をしていくことである。

これは、飛躍でもきれいごとでもない。銀行という組織を成立させているのは、金融という機能に対して期待をし、自分たちの稼ぎで得た財布から、金利や手数料を払ってくれている顧客である。銀行が顧客を含む生態系に組み込まれた一部であるという視点で自分たちのことを見ることである。そのなかで、顧客に対して最適なサービスの形態を目指していく必要がある。

解決は、顧客の視点に立ち、顧客と対話し、内面から自分の「在りかた」に気付くことでしかない。

これは、銀行の経営者や行員の内面から沸き起こることから始まる変革でしか実現できない。「きれいごと」

だという皮肉の感情を理由に逃げてはいけない。

銀行が行う、多くの業務改革といわれる活動が失敗する理由はこの銀行員の内面の感情を軽視して、しくみだけの業務設計を行うからである。私が知っている範囲では、顧客に対する顧客サービスとしての業務改革が成功している銀行は、顧客視点に立った青臭いともいえる議論が必ず行われているところである。

◇銀行での全体最適の業務設計は可能か

リレバンに取り組む銀行ほど現場が疲弊している理由

銀行が組織のタテ割りなどの部分最適の構造を抱えたまま、〝業務としての〟リレーションシップバンキングの施策を実施することが期待しない結果を生み出すことがある。

これまでリレーションシップバンキングの取り組みは地域金融機関であれば、ほとんどすべての金融機関が行ってきたことになっている。私がその取り組みの支援にも携わるなかで、気づいたことが一つある。それは、「むしろ、リレバンに取り組む銀行ほど現場が疲弊している」ということである。

このことは実際に現場の行員の声を聴くことで気がついたことでもある。リレバンに取り組む銀行ほど現場は相矛盾する行動をやらされてしまうのである。デリバティブ商品のセールスをした後に、経営改善計画を策定する、役員報酬の引下げを提言したあとに、その代表者に投資信託の販売をする、などである。

図表3－3にあるように、ポストバブルの金融規制の強化によって生まれてきた管理統制型のスタイルと、こ

れから目指そうとするリレバン型の営業スタイルは、対立構造にあり、併存することはできない。まして、同一の顧客に対して、両方のアプローチをとることはできない。しかし、統制する側の本部が従来型のスタイルを残したまま、リレバン型の活動を行うから現場が矛盾を抱え込むこととなる。いっそのこと、リレバン政策は、本部の業務として切り離して形式的にこなしている銀行のほうが、現場は悩むことが少なくもくもくと仕事をこなしている印象がある（それがよいとはいわないが）。

図表３－３　並存しえない業務の対立構造

	管理統制型	リレバン型
指向	内部指向	顧客中心指向
審査	短期視点 結果指標重視	長期視点 モニタリングとコントロール重視
日常業務	商品／キャンペーン単位 資金提供	顧客単位 顧客のキャッシュフローの良化
組織	統制型組織	自律型組織
人材育成	売り込み力、お願い力 即戦力重視 マニュアル、規定の整備	コミュニケーション力、 課題解決力 能力開発重視 ケーススタディ、OJT
ビジネスモデル	融資支援（結果としての成長支援）	成長支援（結果としての融資支援）

短期的な収益獲得も必要であるから、それはそれとして、従来のスタイルを継続すると現場運営の矛盾が必ず発生する。ビジネスモデルを転換するには、ある意味では、銀行としてのパラダイムの「ひっくり返し」が必要になる。そのひっくり返しの動機づけは、「なんで、今までこんなことをやっていたのだろう」という組織としての気付きである。

その気付きが、顧客を中心に見据えた業務改革の出発点となる。

図表3－4　顧客中心の全体最適での「業務プロセス」

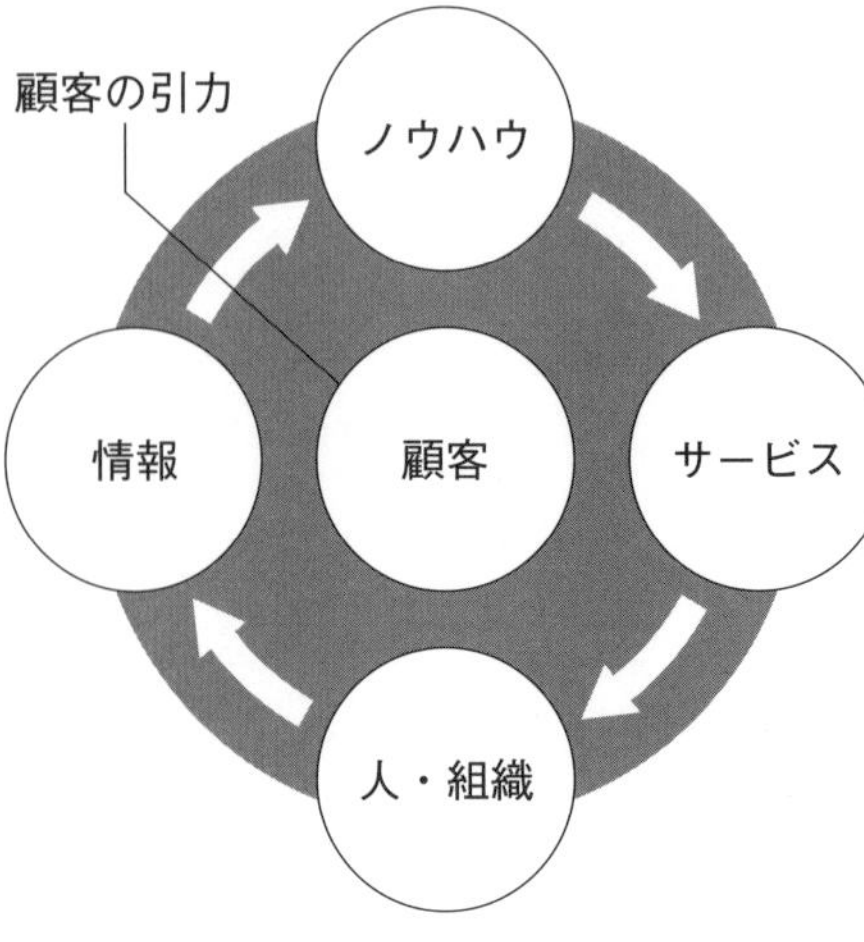

「顧客の引力」による全体最適

それでは、その「ひっくり返し」を実現するために、業務ごとの縦割りの構造を、顧客を中心にした全体最適に切り替えていくにはどうすればよいのであろうか。

顧客中心の業務の在りかたを説明するとき、「顧客の引力」という言葉を使って表現してみよう。

銀行の顧客に対するサービスを提供する資源は「情報」、「ノウハウ」、「サービス」、「人・組織」の四つの要素で構成される。顧客という星を中心にその引力によって、四つの要素の衛星が軌道をまわっているイメージを連想してもらえばよいだろう。それぞれの要素については以下に説明を加える。

「情報」とは、銀行が取り扱う情報全般のことである。その最大のものは顧客情報である。顧客の決算書等の財務情報、第四章で説明したような定性情報、預金や貸出の残高やその動き等の取引情報、株主や仕入れ・販売先、役員等のステークホルダー情報などである。

「ノウハウ」とは、顧客情報を比較したり分析したりすることで得られる、サービスの提供の仕方や、審査や信用リスク管理、マーケティング等の知識やノウハウのことである。たとえば、「財務データ」は「情報」であるが、その情報を加工して「同業他社と比較して人件費が高い」という分析や、「デフォルト確率は○％」であるという予測を行えるようになることはノウハウである。

「サービス」とは、その「情報」や「ノウハウ」を駆使して、顧客に価値を提供するプロセスである。具体的には預金や融資に関する資金取引や決済業務に加え、情報提供、コンサルティングなどの付随業務のことである。

「人・組織」とは、その顧客への価値の提供というミッションに対して、役割や権限と責任が与えられるサービスの担い手のことである。

図表3－5　顧客不在の部分最適での「業務プロセス」

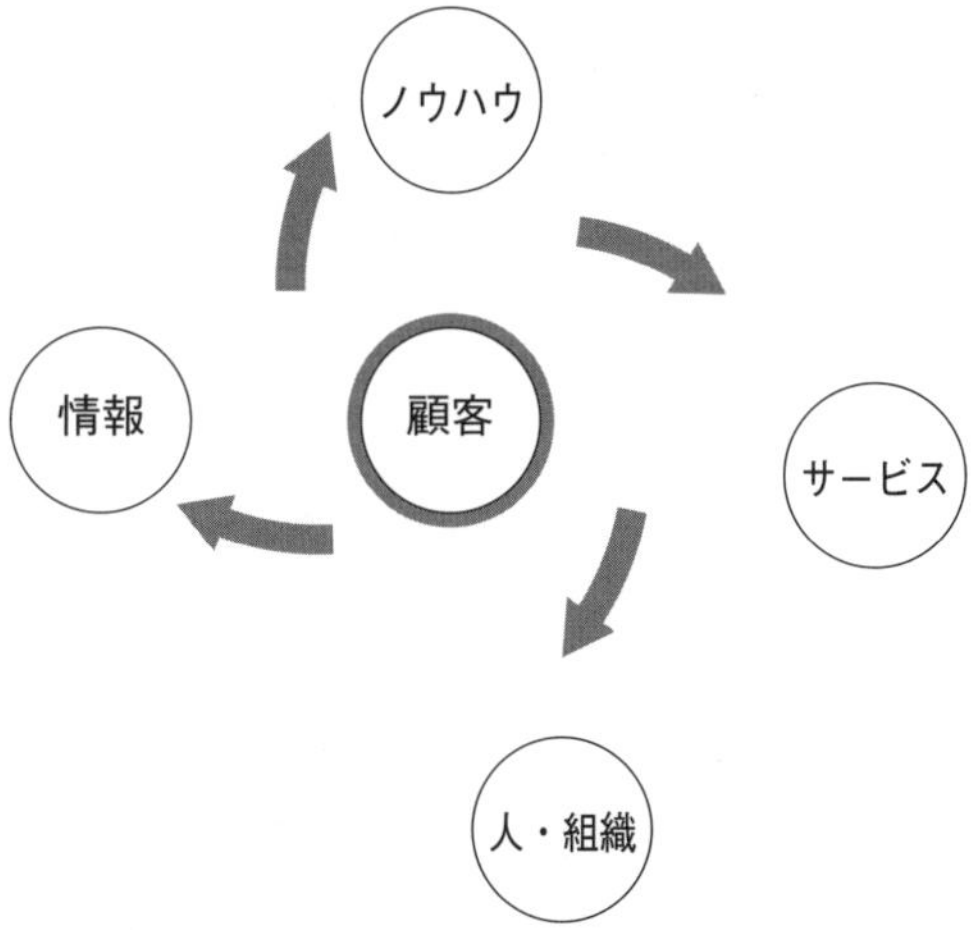

さて、「顧客中心」が機能しているかの着眼点は、「情報」、「ノウハウ」、「サービス」、「人・組織」という四つの衛星が、それぞれが連携しながら、正常に軌道を回っているかというところである。その軌道をコントロールしているのは、中心にある「顧客」という星の引力である。さて、何がこの引力として働くのであろうか、それは第四章で説明した、顧客との「対話」である。

「顧客の引力」が働かない場合、つまり顧客との対話が希薄な場合は、衛星は軌道から離れていく（図表3－5）。またそれだけではなく、「情報」、「ノウハウ」、「サービス」、「人・組織」として衛星として要素間の連携も薄れていく。つまり、本章で繰り返し指摘している、タテ割り、部分最適が進んでいる状態である。

なぜ顧客との対話によって「顧客の引力」が働くのか。それは「情報」、「ノウハウ」、「サービス」、「人・組織」のいずれもが、対話によって顧客の価値を実現する（＝銀行の収益を向上させる）要素となるからである。「情報」とは顧客との対話により双方向に共有されるものであり、「ノウハウ」は、その情報の蓄積・分析によって高められた顧客への提供価値であり、資金提供などの「サービス」はその実現手段である。そして顧客との対話を行っているのが、銀行としての「人・組織」である。

顧客を中心に引力が働いている場合と、働いていない場合の違いを示したのが図表３－６である。

銀行では、顧客との対話が希薄であり「顧客の引力」が働いていない場合でも、銀行の業務は、現場ではその問題に気付くことなく日常が回っていってしまう。それぞれの業務は、部分的に自己正当性をもって粛々と進められている。たとえば、コラムで示したナットアイランド症候群のような深刻な状態が内部で進行していても、トラブルが表面化しない限り、組織的に大きな問題が取沙汰されることはない。ただ、問題の深刻化が比較的ゆっくりと進んでいくというだけである。

それに途中で気づこうとすることは、とても勇気がいる。さらに、気がついたとしてもそれを声に出して発信することは、さらに勇気がいる。必要とされることは、顧客に対しての組織の全体最適が失われている現状に対して、経営や行員が認識をし、「自分たちはなんということをやっていたのだろう」ということに気がつく機会、議論する機会、または発信する機会が与えられることであろう。

本章では、部分最適を生み出す銀行の組織構造、そしてそれを生み出す銀行員の内面心理としての自己正当化

図表3－6　「顧客の引力」の有無による業務設計の違い

	「顧客の引力」が働いている場合（全体最適）	「顧客の引力」が働いていない場合（部分最適）
情報	・顧客の立場にたった視点での行員との対話 ・正しい顧客情報のタイムリーな共有 ・顧客の課題・ニーズの共有	・顧客の課題に向き合わない一方的な対話 ・顧客の銀行に対する期待低下 ・顧客情報が業務種類ごとの分散、情報価値の陳腐化
ノウハウ	・顧客に対する長期的取引方針（アカウントプラン）の策定 ・業種やビジネスモデル、企業のライフステージごとの事例の蓄積	・同一顧客に対するトータルでの取引方針の欠如 ・担当者交代により、取引方針がリセットされる
サービス	・顧客のニーズにマッチした最適なサービスの実現 ・顧客がコストを支払ってもよいと感じるようなプロセス ・組織全体としてのサービス方針の一貫性	・統制による、短期視点のノルマ追い込み型組織管理 ・同一顧客に対する営業推進と信用リスク管理方針の不整合 ・内部管理業務の増大と顧客コミュニケーションの質量の低下
人・組織	・現場起点の自律的運営 ・全体最適かつ自律的に組織化 ・個人の適性に応じた人員配置 ・顧客満足に連動した行員の高いモチベーション	・本部による統制の強化 ・組織の官僚化 ・権限の分散や責任の重複 ・統制管理による行員のモチベーションの持続力の低下

欲求について議論を進めてきた。このような、組織や個人心理に起きている問題は、もちろん、銀行に限った話ではない。どの業界・組織にも起きうる問題である。しかし、社会経済が複雑化し将来の予測ができない事業環境に置かれている顧客から見て、強い影響力もっている銀行という組織を、金融という機能を眺めた場合に、内面からその在りかたをみつめ直す議論の起点にしたかったことがこのことに言及してきた理由である。

最終章である第六章では、本章にて示した「顧客中心」の業務を実現するための具体的実践方法について議論を進めたい。

第六章 顧客中心の業務を設計する

◇バリューチェーンファイナンスを実現する顧客中心業務設計

顧客中心業務設計とは何か

これまでは個別の対話のレベル、情報のレベルでのバリューチェーンファイナンスの処方箋について議論を進めてきた。最終章である本章では、これまで議論を受けてバリューチェーンファイナンスを組織として継続的に実現していくための、しくみとしての銀行の業務設計について提言を行い本書の締めくくりとしたい。

私は、銀行の業務改革のコンサルティングを行っており、いろいろな銀行から業務改革の相談を受ける。実際に業務改善や業務改革の活動、または、ＢＰＲ（Bussiness Process Reengineering）と称した活動を行っている銀行は多く存在する。それらの活動内容をひもといていくと、いくつかの段階が存在することに気がついた。

図表３－７は、その活動が目指している業務設計の種類について説明したものである。

銀行における多くのBPRと呼ばれている活動は「業務効率化型」から始まる。経費削減という成果がわかりやすい領域に対して、日本の銀行はむしろ先進的に早くから取り組んできている。本部やセンター部署への事務集中による営業店の作業の効率化や、財務分析システムの導入、ファームバンキング（振込みや残高照会等の手続を通信回線を利用して、顧客自身が利用できるようにすること）の導入などだ。

「管理強化型」の業務改革の取り組みが活発になったのは、一九九八年に金融庁が発足し（当初は金融監督庁）、当局が銀行の内部体制について統制を強めてからだ。つまり、動機となっているのは、当局指導による外部要因である。銀行によっては、公的資金の導入がそのきっかけになったところもある。以降今日まで、「管理強化型」の業務改革を進める自己査定制度、SOX法対応、バーゼル規制対応としての内部格付手法等、中小企業金融円滑化法などの外部要因には、事欠かない。

業務改革の活動を行っている銀行の活動の大半は、「業務効率化型」と「管理強化型」である。私の所属するIT業界、またはコンサルティングの業界もその恩恵を受けてきた。実際にわれわれがセミナー等を行う場合は、「銀行の明日を考える」というテーマよりも、「○○法緊急対応」と銘打ったほうがはるかに集客力は強い。

しかし、今日「業務効率化型」、「管理強化型」だけでは、業務改革の効果に限界が表れてきている。その要因は、銀行や顧客の事業環境がダイナミックに変化し、顧客が求める課題もより複雑化しているからである。また、効率化や管理強化をねらって実施した施策が、意図せずに行員のスキルノウハウの低下や、業務の形式化・形骸化を誘発したという負の側面も見逃せなくなってきている。

私が銀行と接するなかでも、業務改革の段階によって課題の質がより複雑化していることを実感している。「業務効率化型」や「管理強化型」による業務改革を経てきた銀行は、むしろより高度な課題を抱えてしまって

図表３－７　業務設計の種類

業務設計の種類	業務効率化型	管理強化型	顧客中心型
目的	個別業務の効率化	人と業務に対する統制管理の強化	顧客サービスの最適化
期待する効果	個別機能の効率化による部分最適	統制による管理の向上	顧客の収益と銀行の収益の長期的両立
範囲	個別商品、個別業務、個別組織、個別機能	個別商品、個別組織または組織と組織の連携	顧客からの影響と顧客への影響を与える機能の全体
収益効果	特定業務の経費削減	業務統制管理による経費とリスクの削減	顧客満足要因での取引増加による収益向上
効果の持続性	短期	中期	長期
課題	スキル・ノウハウの低下 全体最適の足かせ	業務の形式化・形骸化を誘発	全行的取組みが必要
システム	業務中心設計	管理機能中心設計	顧客サービス最適化中心設計

いる場合がある。効率化や管理強化のしくみを構築しているがゆえに、逆に顧客の変化に対するサービスの柔軟性が損なわれ、ＰＤＣＡを回すだけでは解決しない問題にも直面している。

図表３－８は、ＱＣ活動やＰＤＣＡといったこれまで効果の高いと考えられていたアプローチが、顧客の課題が複雑化することによって効果を発揮しなくなっていくという状態を示したものである。

バブル以前に銀行がよく実施していた、業務効率化を目的として行われた「ＱＣ活動」は部分最適を乗り越えられないという限界があり、不良債権問題の深刻化とともに「ＰＤＣＡ」による管理強化のための業務改革が多くの銀行によって実施されてきた。しか

図表3－8　複雑化する顧客の課題とBPR手法の変化

時　代	課題の特徴	効果の低いアプローチ	効果の高いアプローチ	対応するBPR手法
バブル以前（～1990）	顧客が銀行に期待するニーズがシンプルである（安定した資金調達など）	場当たり的改善の繰り返し	QC活動	業務効率化
失われた20年（1991～2012）	事業環境の悪化により顧客が銀行に期待する課題の難易度があがっている（不良債権問題）	部分最適対応	組織の全体最適PDCA	管理強化
これから（2013～）	事業環境の変化そのものが予測困難であり銀行に期待する課題自体が複雑化している	専門性や力による統制	顧客を含めた全体最適	顧客中心業務設計

し、顧客の事業環境の変化そのものが予測困難となり、ＰＤＣＡなどの「専門性や力による統制」だけでは、顧客の複雑な課題には現場は対応しきれなくなってきている。

「顧客中心業務設計」とは、「業務効率化型」や「管理強化型」で解決しきれない課題に対して、バリューチェーンファイナンスというビジネスモデルを構築するという視点から、これから検討を進めていくべき業務改革の方法として提言するものである。

「顧客中心業務設計」では顧客へのサービスの全体を最適化するために業務を設計する。

これは銀行の業務プロセスを顧客の課題解決を実現する手段・機能としてとらえ、「顧客が喜んで取引をしたいプロセス」を構築する方法のことである。ここで、「顧客中心型」と「業務効率化型」「管理強化型」の間には決定的な違いがあることに触れておかなくてはいけない。**「業務効率**

化型」と「管理強化型」は、「銀行が望んでいない状態を取り除こうとする業務設計」であることに対して、「顧客中心型」は、「銀行として本当に在りたい姿を目指して業務を設計する」ということである。変わりゆく顧客を前にして、望んでいない状態を取り除こうとする活動をどれだけ繰り返しても、その活動自体が望んでいない状態を再生産することにしかならない。

顧客中心という言葉を使い始めた経営学者の一人であるマイケル・ハマー氏は、『カスタマーエコノミー革命―顧客中心の経済が始まった』（ダイヤモンド社、二〇〇二）のなかで「顧客中心」とは、「顧客に価値を提供するプロセスに始めから終わりまで集中する業務を構築することである」というように説明している。

「顧客中心（カスタマーオリエンティド　Customer Oriented）」という言葉は、よく、顧客満足ＣＳ（カスタマーサティスファクション　Customer Satisfaction）という言葉と混同されることがある。

人は製品やサービスにお金を払うときに、その製品やサービスになんらかの満足を感じたときに購入するものである。顧客満足とは、製品やサービスを提供する企業においては、その度合いを評価し、顧客満足度を高める活動を行わないといけない、という考え方である。

また、顧客への理解を深めるという意味の「顧客関係強化」という言葉もある。「顧客関係強化」は、顧客満足を高めるために、顧客とより親密な関係を築き、その潜在的課題や本質的ニーズにまで、踏み込んで顧客をよく理解し、顧客に対するサービスを向上させようという考え方である。

顧客満足も顧客関係強化も、顧客をよく知り、それにより顧客の満足を追求するという点で、企業のサービスの向上には必要不可欠なものである。それ自体は、全く正しい。

しかし、「顧客中心」というときは、ここにもう一つ**「顧客と一つになる」という視点が加わる。**

「顧客と一つになる」ということについては、第二章でも、バリューチェーンファイナンスの定義のなかで説明したが、ここでは、改めて業務設計の視点からとらえて考えてみよう。「顧客と一つになる」とは、たとえば、銀行の場合は「顧客と銀行を一体のものとして考える」ということである。これは、「顧客から与えられる影響」と同じくらいに「顧客に与える影響」にも関心を払って、仕事の進め方や、人事や組織の在りかたを考えていこう、ということである。「顧客から与えられる影響」と「顧客に与える影響」を同等に意識することがバリューチェーンファイナンスの考え方であるということは第二章のバリューチェーンファイナンスの定義のなかで説明をしている。本章では、このことを実現するための組織や業務設計方法論の視点から考えていきたい。

銀行が、自分たちの〝収益〟を目標として最大の関心を払って仕事を行っていることは、誰もが理解している。しかし、「顧客中心」つまり「顧客と一つになる」ということは、顧客の〝収益〟に対しても同等の関心をもつということである。これは、顧客を利害関係者ではなく利害共有者としてとらえ、顧客を含めた全体にまで拡張して収益の享受ができるよう、全体最適を目指そうということでもある。ビジネスとは「誰かのために何かをさせてもらうことで収益を得ること」と考えれば、わかりやすいかもしれない。だからこそ、「サービスの受け手である顧客を中心に一つになる」ことが必要となってくるのだ。

「顧客中心業務設計」では銀行がサービスを提供することは、自らを顧客の課題を解決する「機能」としてとらえ、その機能を実現するために、自らがどうあるべきかという視点に立つ。

そのためには、銀行は顧客の対岸にいるのではなく、また、顧客との境界に立つことでもなく、さらにもう一歩進んで、**銀行が「影響を与える側の」顧客の立場に立って、顧客と一体となって自らの機能を見直すことが必要になる。**これは第五章で述べてきた「情報」、「ノウハウ」、「サービス」、「人・組織」の四つの要素が対話に基づく顧客の引力により軌道を回るように業務を設計する考え方にもつながっていく。

第二章で説明したように、企業が銀行に期待する金融機能は、企業が行う事業活動のバリュー・チェーンのごく一機能にすぎない。顧客が銀行に支払う金利や手数料のコストは、顧客の事業活動のなかでありとあらゆる機能があるなかで、「資金の過不足をやりくりする」という、ただ一つの機能に対してのみ支払っているものである。企業が事業を営むうえでは、資金調達の他にも、仕入管理・在庫管理、販売活動などの業務があり、それらの活動にも当然にコストが発生している。企業にとって見れば、金融機能は重要ではあるが、よい商品を仕入れする、販売戦略を立てるということのほうが、よっぽど重要なときもある。

顧客は、事業を営むなかで、資金調達という一機能として金利や手数料を銀行に支払う。そして、銀行に支払う金利や手数料には、銀行員が銀行内部の書類を作成したり、システムを運営したり、管理のためのコストが含まれている。そのコストを企業の側に立って「顧客が支払いたい、または支払ってもよいと思うだろうか」という視点で考えてみる。

実際のところ、顧客自身は銀行の内部のコストについてはそれほど関心がない。金利や手数料は、安いに越したことはないという程度には感じているであろう。しかし「自分が顧客だったら納得して払いたいと思うか」、または「顧客に対してそのコストをかけている理由を納得できるように説明できるか」というところに思いをめぐらすことが重要なのである。

「納得して銀行にコストを払いたいと思う」という感情は、たとえば次のような感情だ。

●「自分の資産を安全に管理してくれているのだから、セキュリティを万全にするためのシステムコストは納得できる」

●「自分の事業を応援して資金を提供してくれているのだから、その事業計画が正しいかどうかの判断をしてもらうための審査や信用リスク管理のコストは納得できる」

●「担当者がかわっても、新しい担当者が自分の会社のことや、相談内容の情報を引き継いでいってもらうための、情報システムのコストは納得できる」

これに対して、次の項目はどうだろう。これらのコストを顧客にかぶせていくことに対して、「だってしょうがない」と思うだろうか。

●「期末や、キャンペーンシーズンになると、必要ともしない商品のパワーセールスをかけてくる銀行員の人件費や、それを管理する営業支援システムのＩＴコストを顧客は払いたいと思うだろうか」

●「作成しないと不良債権に認定されるからという理由で作成している、実態のない経営改善計画の策定支援やその形式的モニタリングのためにかけている人件費を顧客は払いたいと思うだろうか」

●「責任や役割があいまいなスタンプラリーのように、ハンコを押して回る時間やその資料の作成にかけている人件費や管理コストを顧客は払いたいと思うだろうか」

もし、自分が顧客であれば、そのコストは納得して支払えるものであろうか。現在行っている業務を顧客の視点から再定義してみることも重要である。

業務分析から見えてくる顧客情報の分散

銀行は、顧客情報をたくさん記述した書類の作成を行っているが、その書類は業務目的ごとに個別に設計されているので、その作業量は膨大であり重複も多い。

銀行の業務の非効率を生み出しているかを調べる手法を紹介しよう。聞きなれない英語名称で恐縮だが、ＤＳＭ（Dependency Structure Matrix）という手法である。

これは、iTiDコンサルティングという会社から教えてもらったものである。iTiDコンサルティングは、製造業を中心に業務プロセスの効率化の支援をしている会社であり、ＤＳＭは製造業で作業工程の重複や無駄を分析する手法として用いられていた。主に製造業で使われていた手法であるが、われわれのコンサルティングではこれを銀行業務にも応用している。

ＤＳＭは、業務間の「連携」や「情報のやりとり」をコンパクトにわかりやすく記載し、複雑な業務の現状を可視化する手法である。「営業店の方針」、「日常の情報収集」、「審査」に関わる担当者が業務タスクを抽出したうえで、現状の業務の関係性（規定上の業務の関係性ではない）をＤＳＭに表現することで課題が浮き彫りになってくる。

●ＤＳＭ

ＤＳＭとは業務の流れをマトリクス形式に整理し、手戻りなどの問題を可視化・分析する手法のこと、または、その手法を用いて作成された表を指す。

ＤＳＭを作成するためには、まず、業務を構成するタスクを列挙し、それらを表の行方向と列方向に同じ順序で並べる。

次に、それらタスク間の依存関係を〝総当り表〟として記入する。

ここで、「タスク間に依存関係がある」とは、一方のタスクから出力される情報が他方のタスクの入力として使われている状態を表す。

このように情報の入出力の流れに着目してタスク間の依存関係をＤＳＭに整理することで、製品開発プロセスのように把握しづらい仕事の流れが可視化され、業務のなかで発生している手戻りなどの問題点を分析することが可能となる。

図表3－9

◆表の読み方

A：企業審査、B：案件審査の場合

○パターン1：
並行作業

	A	B
A		
B		

企業審査と案件審査は互いに関係なく作業を実施

○パターン2：
順次作業

	A	B
A		
B	×	

企業審査から情報を受け案件審査を実施

○パターン3：
協調作業

	A	B
A		×
B	×	

企業審査と案件審査で相互に情報をやりとりして作業を実施

	A	B	C	D	E	F	G	H	I	J
A：取組方針の策定					×	×	×	×		
B：実態把握・交渉履歴	×						×			×
C：途上与信管理	×									
D：取引先情報の更新	×		×							
E：企業審査		×	×			×			×	
F：案件審査		×	×		×					
G：格付自己査定		×	×			×				×
H：経営改善計画		×	×	×					×	×
I：再生支援		×	×	×			×	×		
J：管理回収		×	×	×	×	×				

→ AはE, F, G, Hから情報を受け取って作業する

→ Bは作成した情報をE, F, G, H, I, Jに受け渡す

（出所） iTiDコンサルティングホームページより。http://www.itid.co.jp/glossary/dsm.html

今、ある企業に対して、与信枠を設定するという業務で「取引方針書」という書類を作成するとする。実際に「取引方針書」という名称の帳票を作成している銀行は多い。

はたしてその「取引方針書」で作成したその取引方針は、どのぐらい他の業務に情報や方針が引き継がれているのだろうか。言い換えれば、策定した取引方針に沿った業務運営は現実に行われているのであろうか。

実際にある銀行でDSMを使って分析したときは、ほとんど、他の業務への連携がされていないという結果が導かれた。極端な言い方をすれば、「取引方針を策定するという業務はその時点で終わり、案件の審査や格付、予算の策定や、営業推進方針などに生かされることはない」という状態である。

このような状況がわかったとき、「なぜその場限りでしかない、資料を作成するのか」と聞くと、本部は「取引方針を管理しなくてはいけないから」、営業店からは「決まりだから」という回答が返ってくる。この話からは、第五章で述べた「だってしょうがない」というタテ割りの現象を思い出すであろう。

取引方針を策定するという仕事は、銀行が顧客に対して、どのような関係を築くかという、サービス業として根幹の業務である。しかし、現実にはこのような業務の形骸化が発生してしまうのである。

取引方針のほかにも、格付自己査定、顧客情報の蓄積、顧客の財務分析、顧客とのコミュニケーション内容の記録、営業推進管理資料など、ありとあらゆる資料が銀行では日々作成されている。しかし、そのほとんどの資料は、業務ごと個別に作成されており、情報と情報が連携したり、それによって情報を高めあったりすることは少ない。

このような問題を解消するために、CRMシステムを導入している銀行も多いが、残念ながら効果が出ている事例は限られている。理由は、タテ割りの業務を基準にタテ割りのままシステムを構築しているからだ。

たとえば、たったひとりの株式会社Aという企業の「社長a」という情報は、一つの銀行内の何か所にも記録されている。はたして、それらの情報は一致しているのだろうか。

そこに記載されている「社長a」という情報は業務処理として必要なデータとしてのみ扱われており、顔が見える人間としての「社長aさん」ではないようだ。

銀行業務の因数分解

ある会社の社員食堂で、「ライス小の大盛り」と「ライス中」というメニューがあったという。あるとき、ある社員から「ライス小の大盛り」と「ライス中」のごはんの量は同じではないのかとの指摘があり、「ライス小の大盛り」が廃止になったというエピソードがあった。この食堂では、茶碗を基準にサービスが設計されていたのである。同じ銀行であるのに、部署が違うだけで似たような業務やサービスのしくみを積み重ねている傾向がある銀行にとっては笑えない話である。実際に多くの銀行業務は、顧客ではなく業務単位での組織を基準に設計されている。

こういった議論をある銀行の方としていたら、「それって、因数分解のことですね」と教えていただいた。その言葉は、顧客中心での業務の整理にひらめきを与えてくれた。

銀行業務とは顧客情報とその情報に対してなんらかの処理の組合せの集合である。

つまり、それぞれの業務を「顧客」という共通項でくくると、長い計算式は、いっきに短くシンプルなものになる。

あえて、単純化していうと生きている顧客ａはひとりであり、銀行の業務として扱う顧客情報も、生きている顧客ａの情報が一つあればよい。業務ごとに分割する必要もない。そうすれば、銀行が全組織をあげて、生きている顧客ａに対して価値を与えるサービスに集中できるであろうという考え方だ。

これを式で表すと次のような感じだ。

顧客ａから見た場合の銀行から受け取るサービスは、決済サービス、営業管理、与信管理、コンサルティング、ビジネスマッチングの五つであると仮定する。そうすると、次のような式になる。

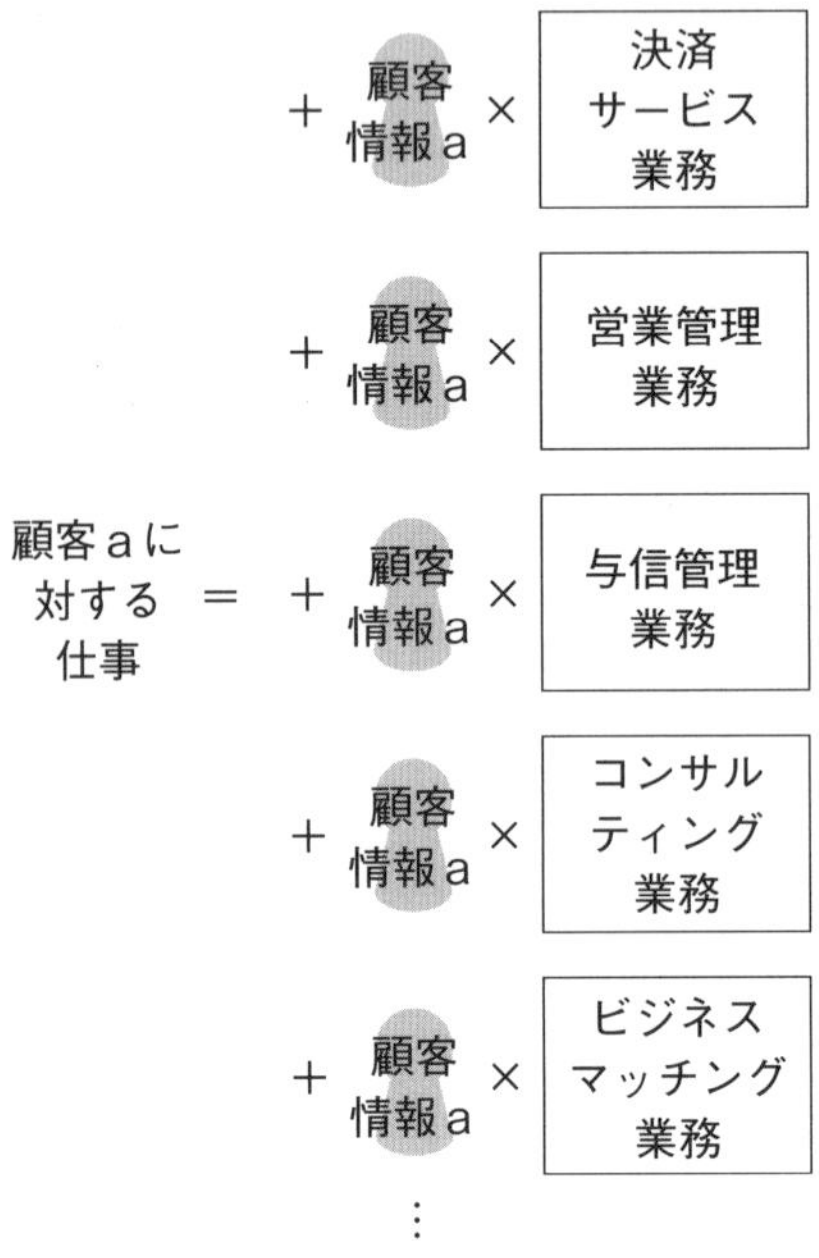

つまり、どの仕事も顧客ａの情報とその処理の組合せである。これを共通項である「顧客ａ」でくくり直すと、次のような式となる。

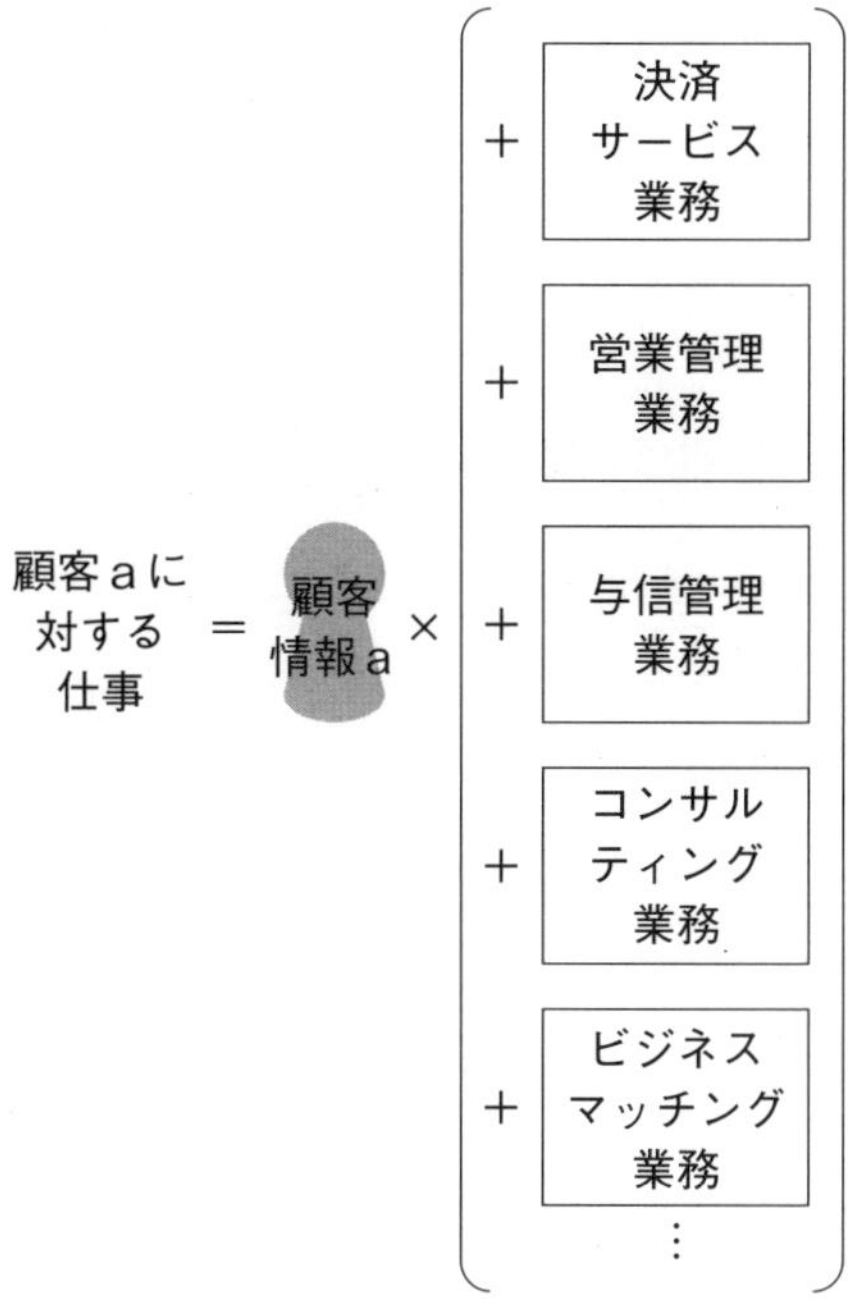

つまり共通の顧客情報が一つあり、業務ごとにそれを共通して活用すれば、どの業務も成立する。たとえば、顧客が保有している「金融資産」という情報は、営業推進の材料にもなれば、担保の対象にも、または、運用に関するコンサルティングの情報にもなる。

さらに、それぞれの業務である決済、営業管理、与信管理、コンサルティング等の内容を見ていくと、同じ因数が含まれることがわかった。それは銀行業務の起点となる「顧客とのコミュニケーション」である。第五章で述べているように銀行のすべての業務は、顧客との対話（コミュニケーション）によって成立しており、その引力に引き寄せられるように業務を設計すればよいのである。顧客とのコミュニケーションは、営業管理や与信管理など目的が異なっても実施する内容としてはほとんど同じだからである。これも共通項としてくることができそうである。また、顧客ａに対する銀行の仕事は、「顧客情報とコミュニケーション」が大半であり、後はそれぞれに付随する、報告や決済などのワークフローである。そうすると次の式が成り立つ。

決済サービス　＝　顧客とのコミュニケーション　＋　個別ワークフロー

営業管理　＝　顧客とのコミュニケーション　＋　個別ワークフロー

与信管理　＝　顧客とのコミュニケーション　＋　個別ワークフロー

コンサルティング　＝　顧客とのコミュニケーション　＋　個別ワークフロー

ビジネスマッチング　＝　顧客とのコミュニケーション　＋　個別ワークフロー

⋮

顧客情報と顧客とのコミュニケーションをくくり出してしまったあとのワークフローは、仕事の権限と責任を設定するだけの極めてシンプルな構造になる。

つまり、業務としての共通化・標準化が行いやすい。そうすると次の式が成立する。

顧客aに対する仕事 ＝（顧客情報a × 顧客とのコミュニケーション）＋ 共通ワークフロー

ここまでくると、長い計算式がだいぶシンプルになる。複雑な銀行業務が、顧客情報、顧客とのコミュニケーション、そして、共通ワークフローによってくられたからだ。なぜ銀行は、ひとりの顧客に対して、情報を切り刻んだ業務を作りあげてきたのだろう。その理由は、この章の冒頭から説明してきている。

顧客を基準に、顧客情報とコミュニケーション情報とが一体として管理されていれば、審査や格付等の従来の意思決定業務は、情報と業務処理を行うイベントの組合せでしかない。イベントには、借入申出や、顧客の決算など、顧客側要因のものもあれば、格付自己査定や、取引方針策定など銀行側要因のものもある。それらの業務は部署や作法がすべて異なるため、複雑になりがちであるが、上記のように顧客を基準に一体として管理されていればシンプルに顧客情報と作業組合せとして考えることができる。

しかし、解決したことは業務がシンプルになったことだけではない。業務に「意味」が加わるということだ。顧客の情報が「業務を処理するためのデータ」ではなく、「生きている顧客の情報」として意味を持ち始めるのだ。これは業務が顧客中心設計にすることによって起きうる大きな変化である。今まで、管理や作業のために行っていた業務がやっていることは同じでも全く違う景色になって見えてくる。

突然、あなたの親友が事業を始めたいので、事業資金を個人的に貸してほしいという相談を受けたとする。脱サラしたばかりでは、銀行から融資は受けられないという。

あなたは、その親友が、学生時代からの付き合いからサービス精神にあふれる忍耐強い男であることを知っているため、事業資金の三分の一ほどを支援することにした。そして、売上を3か月ごとに報告してくれることを約束させた。親友を応援したいと思ったあなたは、自分の知っている顧客を紹介した。

このようにひとりの人間であれば、営業、コンサルティング、与信管理などは頭のなかで統合して考えている。行動ごとに別人格になることはない。顧客を基準にした業務とは、そういう人間と人間のシンプルなコミュニケーションに回帰しただけのことなのだ。それが、銀行という組織となった場合に、業務を分割し、情報が多重化し、行動も複雑になってしまうのである。

業務は異なっても、「ひとりの顧客情報は一つである」という考えをシステム開発に適用する考え方がある。「データ中心アーキテクチャー」である。これは、データは、実態であるビジネス世界に則して〝One Fact In One Place〟であるべきというものである。たとえば、ひとりの顧客がもつ情報、行動は一つであり、同じ意味をもつデータがただ一か所で管理されるべきことを表す。「データ中心アーキテクチャー」はこの考えに基づいて全体最適のアーキテクチャーを目指すものである。これまでの一般的なシステムは、機能中心、つまり「何の業務を行うか」ということを考えて構築されてきた。その結果、特定の業務は効率化されるが、顧客サービスは効率化されないという不思議な現象を引き起こすこともあった。「データ中心アーキテクチャー」は、ここに全体最適の視点をもち込み、「業務とシステム」の融合ではなく、「顧客とシステム」の融合を目指していくというものである。

この議論をしていると必ず出てくる批判がある。銀行には、リスク管理としての牽制機能が必要であり、営業推進を優先する現場の暴走を抑止しなくてはいけない、だから、銀行は、営業推進とリスク管理の機能は、分散しておかなくてはいけないという主張だ。

この主張に対しては、このように解釈してほしい。最適なリスク管理と営業推進のバランスを働かせることと、顧客情報や業務を統合して扱うことは、なんら矛盾するものではない。むしろ、顧客情報を一人の人間として扱うことによって、リスク管理は強化される。機能を分散させることと、部署や業務、情報を分散させることは必ずしも同義ではない。機能に沿って、組織を不必要に分散化し、それぞれに部分最適な意思決定をしていくことのほうが問題である。

コラム

シンプルなものがなぜ複雑に見えてしまうのか

顧客中心という考え方は、基本的にはシンプルなものである。顧客の役に立つために、顧客との対話をベースに業務設計を組み立てるという人間本来の思考に近いからだ。

しかし、銀行員に対して「顧客中心」について説明すると、なぜかこれが「高度で複雑な考え方」という印象を与えてしまうことがある。

実際に、銀行に対して「顧客中心に業務を組み替える」という業務改革を進めようとすると、現場の抵抗が非常に大きい。彼らは「なんで、今でさえ複雑なしくみにやっと、なじんできたのに、さらに複雑にしてしまうのか」と意見をする。

この状態に出くわしたとき、私はいつも財務会計の「キャッシュフロー計算書」のことを連想する。それは、長年の人間の経験が、シンプルなものを複雑にみせてしまうということである。

キャッシュフロー計算書は、資金の出入りを単純に記述しているだけであるので、非常にシンプルな構造をしている。キャッシュフロー計算書は、単式簿記であり、個人でいえば通帳の出入りと残高を記録しているだけのシンプルな構造だ。しかし、一四世紀にヴェネツィア商人によって複式簿記という画期的な発明がされて以来その標記方法を教えられ、会計の技術として使ってきた。

複式簿記の会計処理は、減価償却や、費用にするか資産にするかなど個別のルールによる仕訳の処理を行うので、単式簿記と比較してよっぽど複雑である。

キャッシュフロー計算書の作成方法は、単純な資金繰りをベースにすればわかりやすくて単純である。これを直接法という。しかし一般的に、キャッシュフロー計算書は間接法という方法で作成される。間接法とは複式簿記でできあがった財務諸表を、本来の現金の形に戻すため、逆の処理を行うのである。であるがゆえ、複式簿記の会計処理でできた、貸借対照表や損益計算書を見慣れた人が、突然キャッシュフロー計算書をみると、なぜか複雑なものに見えてしまう。キャッシュフロー計算書は、本来ある形の資金繰りをシンプルに示しているのに、だ。

業務設計についても同様のことがいえる。個人が、個人にお金を貸すときに、自分の頭のなかを、信用リスク管理、営業推進などと判断を区分したりはしない。貸出の対象としての、相手はひとりの人間であり、人としてどう接するかを考える。決して、ひとりの人間を切り刻んで見たりすることはない。しかし、むしろ複雑化した業務設計をひもといて、シンプルにもとの状態に戻したときは、最初は新しい複雑なものとして見えてしまう。しかし、しばらくすれば、何でこんなシンプルなことを今まで複雑にやっていたのだろう、と思うようになる。

つまり、シンプルなものが複雑に見えてしまう理由は、考え始める時の視点の違いがもたらしているといえる。少なくともサービス業の業務設計において考え始めるときの視点は「顧客」である。業務は顧客へのサービス提供の手段として構築されるものであるが、効率や管理を優先する思考が行き過ぎると、いつしか業務を中心とした思考に偏ってしまう。

顧客中心という考え方は、業務を中心にしていた思考をいったんゼロベースでの顧客の視点に戻ることで、シンプルな業務設計の実現を目指すものである。

◇顧客中心業務設計の実践

顧客への影響を意識するアカウントプラン

「顧客中心業務設計」を実現するには、銀行は顧客に対して「どういう継続的関係のもち方をするか」という方針をもつことが重要な要素となる。「どういう継続的関係のもち方をするか」を、決めずにコミュニケーションをデザインすることができないからだ。

人の恋愛にたとえていうと、結婚を前提にお付き合いをするか、そこまでは考えていないけれど継続的な関係は維持したいと考えるか、友達以上恋人未満であるかなどの方針を決めるということだ。その決定された方針によって、デートの回数、電話やメールの頻度、プレゼントの値段などの行動基準が決まってくる。

銀行が実施している顧客に対する方針としては、「取引方針」、「与信方針」という言葉がよく聞かれる。しかし、これはどちらかというと、貸出に対するスタンスとしての方針に限って使われる場合が多いようだ。たとえば、顧客ごとに、「積極」、「現状維持」、「縮小」のような符号をつけて、格付自己査定や貸出案件に添付して管理しているケースが多い。なかには、より細かく与信限度管理として、「与信合計○○万円までを、限度とした方針とする」という方針を個別に設定している銀行もある。

しかし、このように与信方針を策定していても、現場の運用と整合していない場合が多い。与信方針を「消極」としていることとは矛盾して、融資が必要となるビジネスマッチングの提案を行っていたりする。これらは、業務や商品ごとの個別の取引方針であり、ひとりのアカウント（顧客）に対する方針であるとはいえない。

これに対して、アカウントプランは、顧客のニーズや課題を基準に考えた銀行全体としてのトータルな顧客との関係のもち方の方針である。「取引方針」という名称にすると、前述の符号をイメージしてしまう銀行が多いことを想定して、ここではあえて「アカウントプラン」という名称をつけることにする。

バリューチェーンファイナンスでは、銀行は「顧客から与えられる影響」と同様に「顧客に与える影響」に関心をもった業務を行うべきであると、本書ではくり返し主張してきているが、アカウントプランはこのことを具体的に実践する業務として提案をするものである。

アカウントプランは、本部の審査部の部署などが営業店の顧客に対する方針を管理しようとして策定しているものではない。営業店の顧客の担当者が、自律的に自分が銀行を代表して顧客との関係のもち方を管理するために作成するものである。その担当者が作成した、アカウントプランに対して、上席者や、本部の専門セクションが組織として、よってたかって担当者のサポートをする。

アカウントプランでは銀行の顧客に対する関係のもち方は、すべて方針策定の項目となる。

たとえば、以下のようなものはすべてアカウントプランで検討する項目である。

- 与信額の方針をどの程度として設定するか
- どのような商品・サービスを提案するか

図表3－10　アカウントプラン

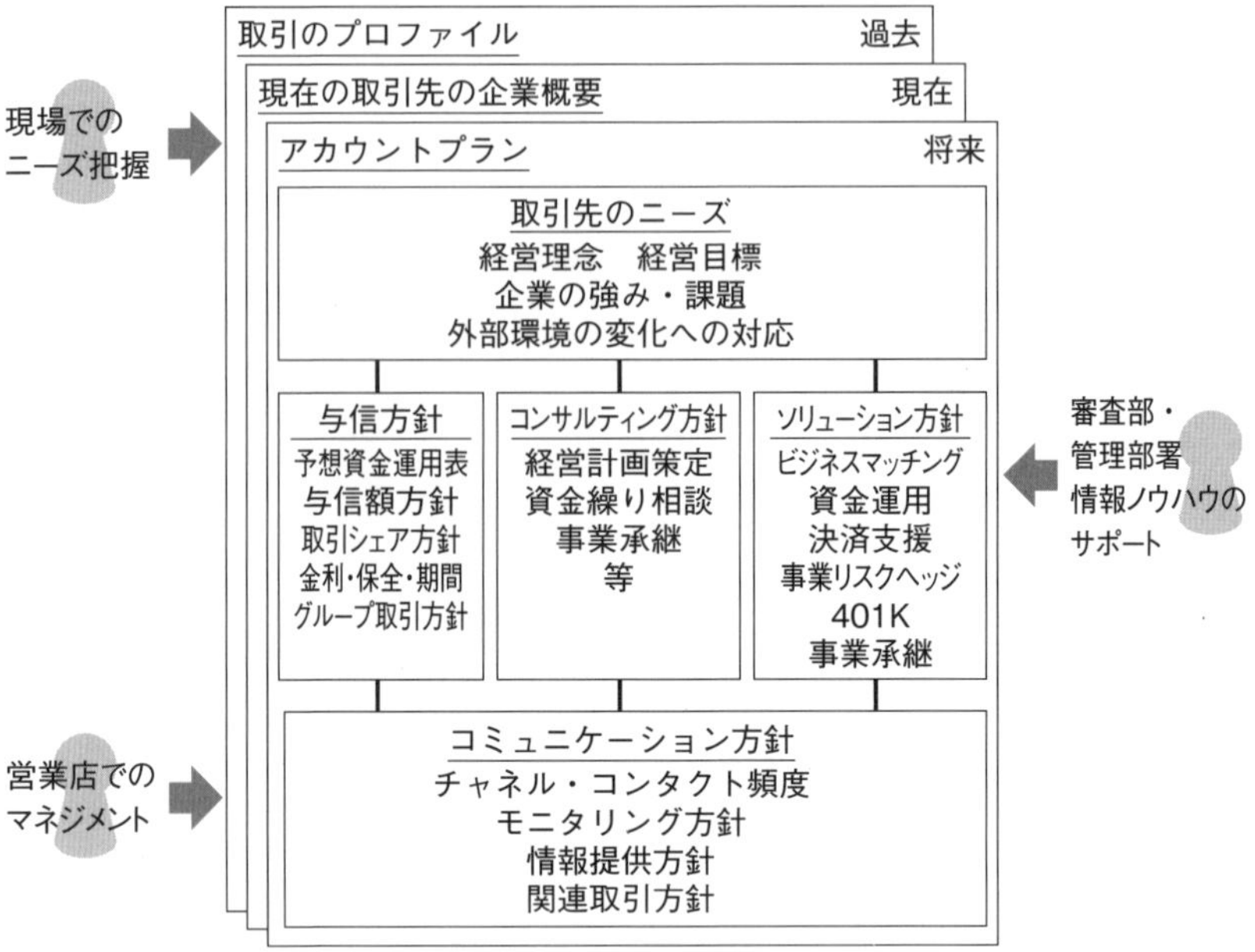

- どのようなコンサルティングを行うべきか
- どの程度の頻度で、どのようなコミュニケーションをとるか
- 試算表や資金繰り表をどの程度の頻度で受領するか
- 営業店の顧客の親睦会に加入をお願いするか

アカウントプランを作成していく起点は、〝銀行が〟どういう継続的関係をもちたいかではなく、〝顧客が〟銀行に対してどういう継続的関係をもちたいと期待しているかを考える。〝銀行が〟顧客とどういう継続的関係をもちたいかは、〝顧客が〟銀行とどういう継続的関係をもちたいかによって決めていくということである。顧客の課題や期待を起点として考えるということである。

実際にある銀行で、アカウントプランの運用を実践しているところがある。その銀行のアカウントプランの様式には、いちばん上に「お客様のニーズ」が記載されており、商品や提案、与信方針の欄はその下に記載されている。「お客様のニーズ」を起点に、取引の方針を策定していくという考え方が反映されているのだ。

顧客の課題や期待を起点にアカウントプランを策定すると、顧客が期待している取引と、銀行の許容できる方針が相違することは当然に発生する。金利や与信枠に対して顧客が有利な条件を求めることは当然である。銀行に対して世間ではよく、「晴れの日の雨傘」というやゆされた表現がされる。これも、企業の調子がよいときは、顧客は資金を借りたくもないのに、銀行は貸したがる。逆に、企業の調子が悪いときこそ、資金が必要なのに資金を引き上げていく。どちらも、相手方に期待していることが、相違している状態であるといえよう。

もし、そのギャップがあるとしたら、そのギャップについて銀行が顧客とともに考えることこそが、アカウントプランをベースとした対話である。これが、第四章で示した「お金レベル」の対話から、「事業レベルの対話」、「経営レベルへの対話」へ、顧客と銀行がともに同じ目線で対話をすることに高めていくことである。

「借りられるだけ、資金を借りたい」と考えている企業経営者に対して、はたしてそれが企業にとってあるべきことかということを銀行員も同じ目線に立って考えることが「事業レベル」、「経営レベル」の対話である。その対話を経て、銀行が融資を決定し、企業経営者もその資金で投資を行って事業を行うと決めたとき、その事業の成功確率は、その対話がなかったときと比べて高くなっているに違いない。それにより、銀行としての信用リスクも低減される。

アカウントプランの考え方をベースとすれば、営業管理のための「訪問日誌」の意味合いは変わってくる。現状の「訪問日誌」では顧客との交渉記録を管理する業務は、どちらかというと、課長や支店長が、渉外担当者はさぼっていないか、または実績をあげられそうかを管理する目的で行われている。しかし、このような動機づけでは、渉外担当者は、品質の高い情報を記録しようとは思わない。訪問日誌は、渉外担当者が、顧客を自分の手帳のように管理するようなものでなくてはならない。つまり、銀行のなかに向かって記録するものではなく、顧客の役に立てるようにするために外に向かって記録するものとなる。

顧客中心業務を実現する組織

「顧客中心業務設計」を実現する銀行の組織形態とはどういうものであろうか。

「顧客中心業務設計」とは「顧客に価値を提供するプロセスに初めから終わりまで集中する業務を構築すること」である。これを実現するための最適な組織形態は、「現場に権限が委譲された営業店による自律的組織」である。顧客のニーズを起点とした業務を行うには、その機能を顧客の近くにおくべきだからである。

現在の銀行の組織体系は、本部が統制しコントロールする組織形態が主流である。いわば、中央集権型である。

これには、いくつか原因が考えられる。

●二〇〇〇年以降、金融検査マニュアルや当局の監督統制が強化される時期がしばらく続いたこと
●ＩＴ化の進展により本部指導による統一したオペレーションが行いやすい環境が整備されたこと
●人員削減や三〇代を中心とした中間管理層が薄くなったことにより現場に権限や機能を集中することが困難に

なっていること

一部の銀行では、支店長職を廃止するところも出てきている。一方で、銀行によっては、地域別事業部制をとっている銀行が地銀など一部に見られるが主流とはなっていない。

実は、日本では一九八〇年代に大手銀行を中心に事業部制組織が流行していた。その先鞭となったのは住友銀行が一九七九年に採用した総本部設置による事業部別組織である。当時の住友銀行は素早い意思決定と、顧客ニーズに迅速に対応するということを目的に事業部別組織に再編し、多くの銀行がこれを模倣した。しかし、人事部など、中央集権的な機能が本部に温存されるなど権限と責任が完全に委譲されない状態での不完全な事業部制であった。それが、バブルの崩壊により、現場の過度な権限委譲の問題が負の側面として表面化したため、再び中央主権的組織に回帰していったといわれている。

他業界の事例であるが、店長への権限委譲が機能している組織の事例として、外食産業で「餃子の王将」を経営する「王将フードサービス」がある。ご存じの方も多いかもしれないが、「餃子の王将」のメニューは餃子やラーメンなどの定番メニューこそ統一価格であるが、それ以外は、一店、一店値段もメニューも違うものである。メニューの考案や価格設定だけではなく、アルバイトの時給や広告のチラシを出す回数、さらには営業時間の設定までも各店長に権限委譲しているそうだ。

一方で本社は店舗のサポートに徹した、体制を整えている。約二〇店舗ごとを管轄するエリアマネージャーが営業成績を日次ベースでチェックして、週に数回のペースで各店舗の視察を行っている。一般的に外食チェーン

図表３－11　銀行における中央集権型組織と自律型組織

（楕円の大きさは管理業務量の大きさを示す）

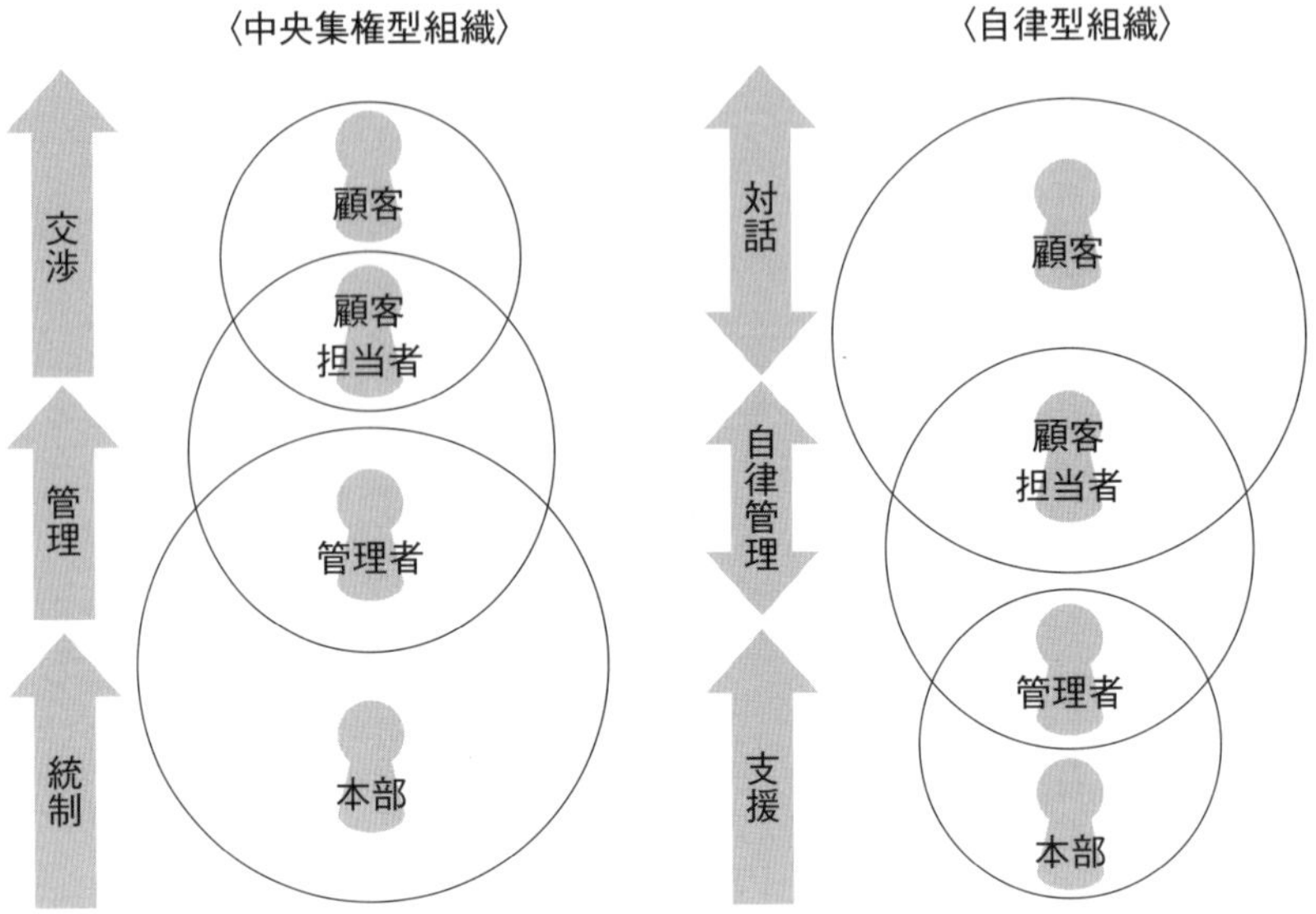

は、本部主導でメニューや価格などを統一し、効率性を重視するが、常識のチェーン展開とは逆の手法である。

二〇一〇年の同社の決算発表資料には、このように記載されている。

●地元に〝なくてはならない店〟であり続けるために、店舗調理を武器に、個店ごとに多様な地元のニーズを素早くとらえ柔軟に対応していくことが不可欠

●そのためにお客様にいちばん近い店舗へ思い切った権限委譲をし、本部は結果の評価に徹する

●店舗のスタッフが地元のニーズに機敏に対応していくために、指示を待つのでなく、自ら考え・行動する仕組みが当社の強みである

外食産業にも、ファミリーレストランチェーンなど、統一的で安心した一定のオペレーションを強みとしている企業が多くある。一方で「王将フードサービス」のように、店舗の自律性を重視して成功している事例もある。それぞれのビジネスモデルのどちらが、正解というわけではない。唯一の正解があるとすれば「顧客がどのような機能を求めているか」である。

この考えを銀行組織にそのまま当てはめることに違和感を覚える方もいるであろう。しかし、中央集権型組織では今日の顧客のダイナミックな事業環境変化に対して柔軟に、スピーディーに対応していくことは可能であろうか。リスク管理、専門性のあるコンサルティング業務、ノウハウの共有、情報のコーディネート機能、標準化が可能な業務集中は本部にて対応しつつも、現場では顧客ごとのアカウントプランを起点とした現場での自律的運営のほうが望ましい。

時々、銀行にとって、業務のオペレーションが最も難しいのは、どこだろうかと想像しつついつも連想するのが、「秋葉原支店」である、五年もたつと街のイメージが一変してしまうような事業環境のもと、新しいビジネスモデルが栄えては、消えていくなかで、顧客のニーズを理解していくことは、現場の支店長としては相当のバイタリティが求められるであろう。しかし、中央集権型組織では、そのマーケットにあった、施策が本当に打てるであろうか。

図表3－11は、中央集権型組織と営業店の自律型組織の両方をイメージしたものである。中央集権型組織においては業務の起点が本部にあるが、営業店の自律型組織では、起点が顧客のほうにある。

図表３−12　「WHY」なぜやるかを中心に

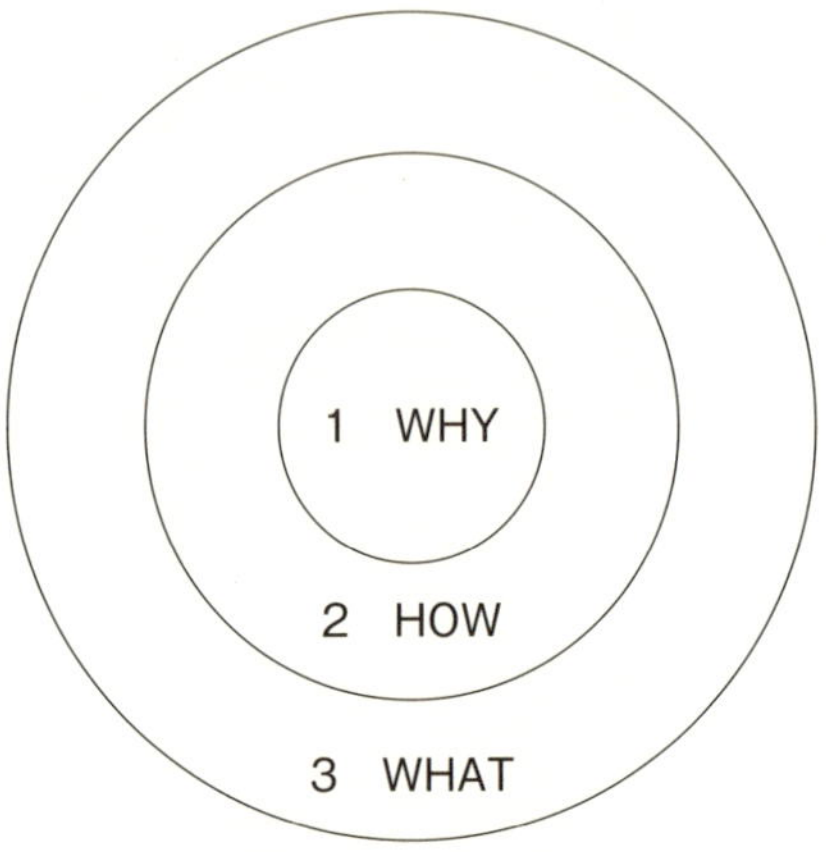

（出所）　The ‘golden circle’ from Simon Sinek

顧客中心業務設計への七つのステップ

　ここでは実際に、「顧客中心業務設計」に取り組んできた経験から、この業務改革を進めていくための七つのステップを説明しよう。

●第０段階　チェンジリーダーとの対話の開始

　「顧客中心業務設計」への転換を目指した業務改革を行うには、チェンジリーダーの内面からの強い動機づけが不可欠である。顧客から見た銀行の「在りかた」をみつめることを経てきている人には、「なんで今までこんなことをやっていたのか」という思いが去来している。または、誰かが感じているその思いに共感している。

　チェンジリーダーはその思い「なぜ（WHY）」このプロジェクトを始めたいのか」を文書化しておかなくてはならない。

　チェンジリーダーは、銀行の経営者であるかもしれないし、現場の担当者であるかもしれない（後者である場合、私は敬意を表して「サムライ」と呼ばせていただいている）。

　チェンジリーダーは、プロジェクトの組成に向けて行内での対話を通じて、メンバーの巻き込みを行っていく。この段階でのディスカッションの成果物が第一段階へのインプットである「プロジェクト定義書」となる。

図表3－13　認識ギャップが拡大している例

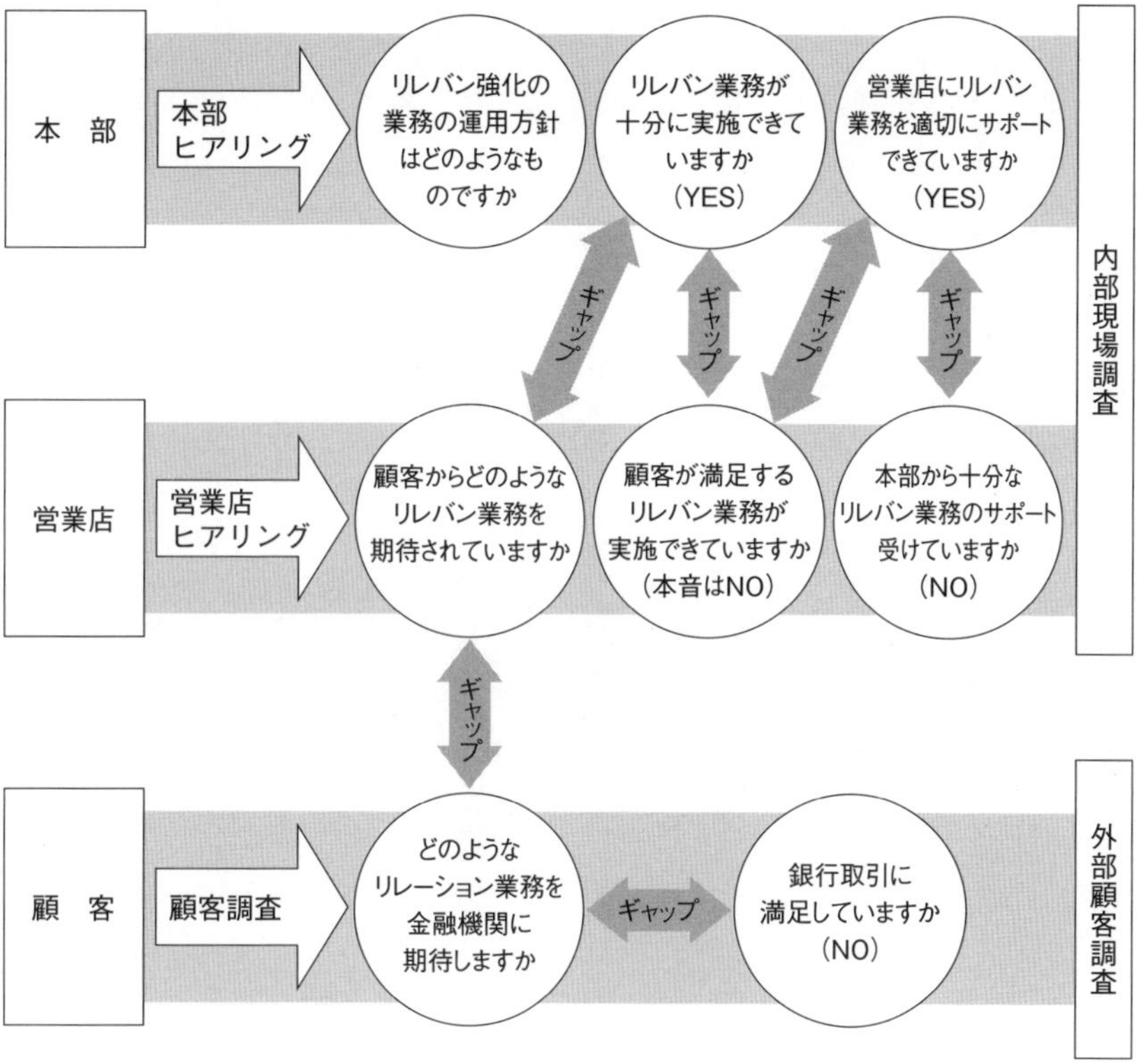
本　部
本部ヒアリング
リレバン強化の業務の運用方針はどのようなものですか
リレバン業務が十分に実施できていますか（YES）
営業店にリレバン業務を適切にサポートできていますか（YES）
内部現場調査
ギャップ
ギャップ
ギャップ
ギャップ
営業店
営業店ヒアリング
顧客からどのようなリレバン業務を期待されていますか
顧客が満足するリレバン業務が実施できていますか（本音はNO）
本部から十分なリレバン業務のサポート受けていますか（NO）
ギャップ
顧　客
顧客調査
どのようなリレーション業務を金融機関に期待しますか
ギャップ
銀行取引に満足していますか（NO）
外部顧客調査

●第一段階　プロジェクトの組成

「顧客中心型」の業務改革のプロジェクトを組成する場合は、原則として顧客に関係するすべての部署の参加が必要である。銀行には、営業推進系の部署と信用リスク管理系の部署（例：営業企画部と審査部）、統制する側の部署と現場（総合企画部と営業店）、システムや業務をつくる側と使う側（システム部と営業店）等の機能的に対立する部署があるが、その双方が参加していることが望ましい（感情的対立ではない、念のため）。

プロジェクト計画書には、何をやるか（WHAT）、どうやってやるか（HOW）だけではなく、第0段階から引き継がれているなぜやるか（ＷＨＹ）について明記する。何をやるかだけが決まっていて、なぜやるかがないまま、どうやってやるかの議論がされ、結果として業務改革が成功しない事例も多く存在する。

プロジェクトメンバーの当事者意識を醸成するには、図表３－２（一七二頁）の「対立ループダイアグラム」にあるようなワークを実施してみてもよい。今起きている問題を、「誰か」の問題ではなく、自分と顧客を含む「われわれ」の問題としてとらえることができるからだ。

●第二段階　起きている課題に向き合う

この活動の第一は、現場で何が起きているかの実態を把握することである。このために役員等の経営層、本部各部署、営業店の各業務担当者との対話が必要である。

このとき、その担当者の上席者や本部の利害関係者などは絶対に同席させない。上司や本部に気を遣って本音を話そうとはしないからだ。

銀行の役員は、現場で起きている実態を知らない場合が多い。彼らが現場にいた頃とは、業務のスタイルも大きく変化している。

可能であれば、顧客への満足度調査も並行して行う。これも、銀行が実施するよりは、できれば外部の機関を使うとよい。顧客は取引している銀行に対して、ネガティブな意見をいうことをためらう。

これらの現場調査をうまく設計すれば、本部が実施していること、営業店が感じていること、そして顧客が感じていることのギャップが見えるようになってくる。

課題のある業務それぞれに対して業務フロー図（業務の流れを示すもの）や、行動観察などを行う。ここで重要なことは、業務ごとの個別分析に陥らないことである。先に示したように、ＤＳＭのようなフレームワークを使って業務を個別ではなく、顧客の視点から見て全体のなかの部分としてとらえることが必要である。

●第三段階　問題の構造と真の原因に気づく

第二段階で、個別の問題が見えてきたら、今度は問題の構造化を行っていく。この作業にはいろいろな手法があるが、問題構造図（図表３－１・一六九頁）がわかりやすい。積み上がった課題から類似するものを集めて三〇項目程度にまで絞ったら、その因果関係を矢印でつないでいく。このときに、問題と問題がつながらなかったり、別の問題が見えてきたりするので、そのつど追加をしていく。問題構造図ができあがるといくつか、起点になるところや、問題が収束していくところが見えてくる。われわれはそれを「深刻な起点」、「深刻な帰結点」と呼ぶ。できあがった、問題構造図を眺めると、先に示したように個別の問題を解決しても、全体の問題の解決にはならないことに気がつくはずだ。このときに、「自分たちは、なんていうことをやっていたのか」という気付きが得られる。これが、業務改革に向けたタテ割り解消の第一歩となる。

●第四段階　捨てる決心と、改革ロードマップの策定

問題が可視化され、経営のコミットメントが得られたら、具体的な業務改革のロードマップを作成する。自律型組織への変換やアカウントプランの業務設計、システム化の方針策定などはこの段階で行う。そのときには、重要なことは顧客が期待しない業務と判断されたものを「捨てる決心」である。

現在の組織の成熟度をＡＳ－１Ｓ（現在の姿）として認識したうえですぐにやめられないのであれば、いついつまでにやめるという決断をする。最も、避けるべきは、従来のやり方を残したまま、併存する形で新しいやり方を追加で現場に強いることだ。これは、現場がキャパシティオーバーとなるだけではなく、業務のコンセプトが浸透する機会をも奪うことになる。

第二章で示した西武信用金庫では、中小企業に対するコンサルティング業務を強化するために、集金業務を撤廃するということを実施した。集金業務による顧客とのコミュニケーションでは、顧客が期待する、課題解決のリソースも能力も確保できないと考えたからだ。

もう一つ重要なことは、業務改革を実現するにあたって自分たちの組織の成熟度を意識することである。TO－BE（目指す姿）と、CAN－BE（実現可能な姿）を設定する。

フルマラソンを走ることをTO－BEとすれば、現在の自分のレベルではノンストップでの完走は一〇㎞が限界だとする。であれば、CAN－BEとして、六か月以内のハーフマラソンの完走を目標とする。銀行が行う業務改革も同様である。プロジェクトの推進者が高度なあるべき姿を意識しすぎて、現場に浸透しないまま失敗してしまうケースも多く存在している。

●第五段階　トライアルからの実践

たとえ顧客中心になっていない業務であったとしても、すでに定着してしまっている業務を捨てる勇気をもつことは難しい。またCAN－BEから始めることを目指す場合もどこまでが、実現可能なのかを事前に予測することも難しい。それを乗り越えるための作業としてトライアルにより、検証と成功体験を積み重ねていくのがこの段階である。早く、たくさん失敗することが、重要な成功要因となる。

どの業界でも、ほぼ例外なく、八割の人間は業務改革により仕事のやり方を変えることに抵抗がある。特に、顧客中心型の業務設計の場合、仕事のやり方が一八〇度変わってしまうような場合もある。これまで大事だと考えていた、内部資料の作成、管理業務がある日からなくなるということもありうる。

トライアルの目的は、業務改革を実際に行動として実践し、小さな成功体験からの共感・共有を作りあげ始めることだ。

●第六段階　運用の全行的実践と定着化

プロトタイプとして実践したトライアルの内容を、業務のしくみとして構築し全行的に実践するのがこのフェーズである。業務のしくみとは、業務基準書、マニュアル、教育体系、システムなどのことである。

「顧客中心業務設計」は、顧客と銀行が一体化した業務の成熟度を目指すものであるため、顧客との関わりあいの活動のなかで、プロセス自体が成熟していくものである。オフシーズンに練習を続けてきたスポーツチームが、シーズン開幕とともに観客が入った会場で試合をすることにより、技術やパフォーマンスを高めていき、顧客も満足を高めていくという状態をイメージすればよいだろう。

業績としての成果は顧客からのフィードバックとして実現する。ただし「顧客中心業務設計」の場合、取り組みが長期となり成果が出るまでの時間軸が長いため、その時間を耐えるための、経営との目的の共有と、プロセスとしての目標の設定が必要である。このプロセスの指標をＫＰＩ（Key performance Indicator）という。

設定されるＫＰＩとしては、行員のモチベーションを示す提案件数や、顧客の満足度を示す顧客からの相談件数や、顧客満足度の調査などがよいだろう。

その結果は、最終的には顧客の信頼をベースとした顧客の利益の向上に伴って、銀行の資産構成の健全化として現れてくる。

顧客中心業務設計のポイント

最後に、「顧客中心業務設計」のポイントについて、まとめておこう。

●「全体最適化」されており「シンプル」である

「顧客中心業務設計」とは、「顧客に価値を提供するプロセスに始めから終わりまで集中する」業務設計である。「顧客中心業務設計」は、顧客を中心に「情報」、「ノウハウ」、「サービス」、「人・組織」が機能するように業務が設計されているため、ひとりの顧客情報やコミュニケーション情報が、バラバラに扱われ、再生産、再加工されることがない。

●信用リスク管理に強い

「顧客中心業務設計」は「情報の非対称性」からくるエージェンシーコストを削減する効果がある。粉飾決算を分析する能力や手間に時間や資源を投下するよりも、粉飾決算が提出されない顧客関係を築くほうがはるかに低コストである。顧客の事業や経営に携わることにより、倒産というサドンデスリスクを未然に防止する効果がある。

●「顧客満足度の高い」サービスが実現する

顧客が負担する金利費用や手数料は、顧客が事業活動のなかで、金融機能に対して必要とするコストとして銀行に払うものである。「顧客中心業務設計」は、顧客が喜んでその取引を行いたいという視点からプロセスやサービスの設計をすることになる。このことは、行員のモチベーションアップにもつながる。

●銀行の長期的収益に貢献する

「顧客中心業務設計」は、バリューチェーンファイナンスとして定義している、顧客とともに成長する銀行のビジネスモデルを具体的に実現するため手段として最も有効である。

そして、「強い銀行」をつくることではなく、「強い地域とそのなかにいる強い銀行」をつくることが究極の目標となる。これによってもたらされる安定した顧客基盤は銀行の長期的収益の基盤となる。

おわりに

はしがきでは、本書は「顧客と銀行の対話」がテーマであると宣言をし、ここまでバリューチェーンファイナンスというコンセプトを示しながら、これを実現するための処方箋を示そうとしてきた。

その根底にあったのは、第二章にも紹介した「銀行にとって顧客とは他者である〝誰か〟ではなく、自分が部分を構成する〝われわれ〟である」という考え方である。バリューチェーンファイナンスとは、銀行は経済生態系という全体のなかにある重要な機能をもつ部分であるととらえ、〝われわれ〟の将来の視点に立って金融のビジネスモデルを規定するものである。

今、実際の銀行でのバリューチェーンファイナンスの取り組み事例は多いとはいえいず、われわれ自身も経験を積みながら試行錯誤をしているなかで、本書で示している処方箋についてもより成熟度や具体性を高めなくてはいけないと感じている。しかし、この考え方に基づいてビジネスモデルを構築していく考え自体は揺るぎないものであるという確信はある。

本書では、「顧客と銀行」だけではなくその他にも「本部と営業店」、「上司と部下」、「行政当局と銀行」、「地域社会と銀行」など様々な関係における「対話」について触れてきた。これらについても、バリューチェーンファイナンスで示そうとしてきた「顧客と銀行」の「対話」と根底の考え方は同じである。つまり、顧客だけではなく、銀行内の別組織や、行政当局も、地域社会もすべて〝われわれ〟である。そして、読者であるあなたも、筆者である私も生態系のなかにいる〝われわれ〟の一部である。

最後に、筆者である私が銀行のみなさんとの対話がどのように本書の内容につながったかについて紹介して本書を締めくくりたいと思う。

- なぜ、銀行にコンサルティング機能の強化が果たせないのか
- なぜ、銀行はリスクをとろうとしないのか
- なぜ、銀行にＡＢＬが浸透しないのか
- なぜ、銀行は収益があがらないのか

このような課題を銀行員から投げかけられたとき、私はコンサルタントとしてこれらの課題を解決するプロセス（ＨＯＷ）を示すことが自分の役割であると信じていた。

銀行は、「何」をするべきか（ＷＨＡＴ）については、そんなに悩むことはない。「貸出や預り資産の残高を増やす」「リスク管理を強化する」「手数料収入を増やす」などは目的であり、競合の銀行との大きな違いはない。また、「何」をやるべきかについては、丁寧にも、金融行政当局などが最初から課題をたくさん設定してくれている。「自己資本比率を八％以上にせよ」、「コンサルティング機能を強化せよ」などである。

われわれが銀行の担当者から相談を受けるのは、この与えられた課題に対してどういう方法で解決すべきかの具体的プロセス（ＨＯＷ）についてである。現場の担当者は、やり方が示されないまま、顧客や経営や当局などから指示をされて悩んでいる。指示しているほうも、実は深く考えているわけではない場合もある。

私はこのような相談を受けるなかで、これらの課題に対して具体的な解決プロセスを提示することを行ってきた。課題を分析し、方向性を策定していくことに対しても、さまざまなフレームワークを使って、コンサルティングのメソッドやマーケティングの手法を駆使して取り組んできた。私は、ＩＴソリューションを提供する立場でもあるので、新しいテクノロジーやそれを生かしたシステムを導入することで解決に近づくと信じてその取り組みを支援してきた。

しかし、あるときから、それだけでは銀行経営の本質的問題は解決しないことに気がついた。顧客の側の課題が複雑化しそこにサービスを提供する金融機関の側の問題の構造もあまりにも複雑で、利害関係者が多く、将来の予測ができないようになっている。そんななかで一つひとつの課題に対して正しいと思う施策を個別に実施しても、今日の解決が明日の問題を生んでいくことが繰り返される。プロセスを解決するだけでは足りないより本質的な問題があるに違いない。

そんななか、私が行ったことは、保守的といわれている金融業界でサムライのように改革を進めている方々をつかまえて、「何があなたをそのような行動に駆り立てているのですか」と質問をすることであった。

ある方は「この地に生まれたものとして地域に貢献したいから」、またある方は「自分の存在意義を確認したいから」と答えてくれた。「誰かのためになりたいから」と答えてくれた方もいた。

共通していることはその方々には顧客と銀行一体として考え、そして銀行として、そして自分としてどうありたいか、という内面の問いかけ（WHY）をもっていることであった。

そのことに気づいた私は、金融機関にソリューションを提供している事業者として、そして私自身としてどうあるべきかという自分自身の内面へのWHYの問いかけを迫られた。バリューチェーンファイナンスのコンセプトは、こうした問いかけをもとに所属するチームの仲間たちとともにコンセプトとして少しずつ練りあげていったものである。

たとえば「なぜ、銀行は収益があがらないのか」という課題に対して、銀行を他者である「誰か」として観察者のように評論するのではなく、私自身もその業界のなかにいて、問題の片棒を担いでいるということを自覚することである。

ただ、自分自身への「WHY」の問いかけは、その問題解決の役割もともに私自身が有しているということへの気付きもあった。その思いが本書を執筆させてくれたのだと思う。

そのため、本書では、「WHAT」、「HOW」の議論を行ったうえで、「WHY」についてしっかりと触れておきたかった。金融業界のイノベーションを「べき論」、「きれいごと」としての議論で終わらせたくなかったからである。結果として、銀行という組織の問題や、人としての内面の感情にも踏み込まざるをえなかった。誰かが起こしてくれる「もの」ではなく、顧客と接している現場から金融機能の在りかたに気付き、顧客と対話するということから始めたかったからである。金融業界のイノベーションは、頭取などの経営者が主導することによって銀行と地域との「対話」を変革していくことによっても、また、銀行員としての一人ひとりの顧客との「対話」を変えていくことからでも始めることができる。

イノベーションが進展しない銀行や金融業界に対して、「ぶっ壊す」という表現を使ったり、逆に、昔の銀行に戻ろうというような極端な懐古主義に走ったりする論調が一部にある。私はそのような論調はあまり好きではない。それは、現場で悩んでいる銀行員を否定することによって、自己の主張を正当化しているだけのように見えるからだ。銀行や金融業界にイノベーションを起こすことができるのは、現場の銀行員とその顧客、金融業務に関わるわれわれ、そして私自身である。

本書では、顧客中心をコンセプトとして記述したものであるが、触れることができなかった対象としての顧客が二つある。一つは「生活者」という個人の顧客、もう一つは「地域社会」というコミュニティの顧客である。機会があれば、このもう二つの顧客と、企業という顧客を統合して、続きの議論を展開していきたいと考えている。

また、本書の執筆を機として、バリューチェーンファイナンスをテーマとした情報発信の場としてのホームページを開設することにした。このホームページではバリューチェーンファイナンスの取り組み事例や私自身のブログなどの情報を発信していこうと考えている。関心がある方は是非、閲覧してみてほしい。

【バリューチェーンファイナンス　ホームページ】
vcf-info.com

本書が、「なんとかしたい」と思っているサムライたちのイノベーションをともに起こしていく起点となることを心から願っている。

謝　辞

本書は、様々な方々との「対話」から生まれた。

本書の完成に至るまでに、金融機関の皆様とはどれだけの対話を繰り返してきたことか。私のすべてのキャリアにおいて、青臭い議論に付き合ってくれ、ときには、サムライになって改革をともに推し進めてきた皆様との対話が本書の土台となっている。

また、本書執筆の契機をいただき、熱いご指導をくださった産業能率大学経営学部教授である宮田矢八郎先生、そして第四章で紹介したバリューチェーンファイナンス研究会に参加いただいた皆さん、同研究会のメンバーでもあり金融機関の在りかたについて何年もともに語り合ってきた坂本忠弘さん、「U理論」という考え方を通して自分の内面への気付きの機会を与えてくれた中土井僚さん、仕事を離れてもいつまでも師匠であり続ける五嶋滋之さん、そして、執筆への側面支援だけではなく、本書の美しいカバーアートまで提供してくれた直属上司の飯田哲夫さん、皆さんには特別の感謝を申し上げたい。

バリューチェーンファイナンスのコンセプトは、わが勤務先である電通国際情報サービスでともに働く、和田清志さん、山田達夫さん、川並康寿さんをはじめ多くの仲間たちと重ねてきた対話から創出されたものであり、本書はそれらをまとめた協働の成果でもある。また、草稿の段階から親身に相談にのってくれた村田祐史さんをはじめ、忙しい時間を割いてたくさんのアドバイスと激励をくれた会社の仲間たちには心の底から感謝している。

最後に本書出版の機会をいただいた、きんざい代表取締役社長の加藤一浩さん、金融財政事情研究会出版部の髙野雄樹さん、金財エージェンシーの代表取締役社長大野薫史さんには、特別の御礼を申し上げなくてはいけない。今思うと、私が作成した稚拙な出版企画書から始まった本書の執筆を後押ししてくれたご恩は忘れない。

二〇一三年七月

江上　広行

バリューチェーンファイナンス
――変わりゆく顧客の視点からみた、企業と銀行の「対話」の技術

平成25年 8 月20日　第 1 刷発行

著　者　江　上　広　行
発行者　倉　田　　　勲
印刷所　大日本印刷株式会社

〒160-8520　東京都新宿区南元町19
発　行　所　一般社団法人 金融財政事情研究会
編 集 部　TEL 03(3355)2251　FAX 03(3357)7416
販　　売　株式会社 き ん ざ い
販売受付　TEL 03(3358)2891　FAX 03(3358)0037
URL http://www.kinzai.jp/

ISBN978-4-322-12332-6